让每个生命彰显价值
——以爱育爱，立德树人

RANG MEIGE SHENGMING ZHANGXIAN JIAZHI
—— YIAIYUAI, LIDESHUREN

江培英 / 著

东北师范大学出版社
长春

图书在版编目（CIP）数据

让每个生命彰显价值：以爱育爱，立德树人 / 江
培英著 . —长春：东北师范大学出版社，2022.6
　ISBN 978-7-5681-9103-6

Ⅰ.①让…　Ⅱ.①江…　Ⅲ.①德育－教学研究－中学
Ⅳ.① G631

中国版本图书馆 CIP 数据核字（2022）第 101587 号

□责任编辑：王红娟　□封面设计：中联学林
□责任校对：田文亭　□责任印制：许　冰

东北师范大学出版社出版发行
长春净月经济开发区金宝街 118 号（邮政编码：130117）
电话：0431—84568020
网址：http ∥ www.nenup.com
三河市华东印刷有限公司印装
三河市燕郊冶金路口南马起乏村西
2022 年 6 月第 1 版　　2022 年 6 月第 1 版第 1 次印刷
幅面尺寸：170 mm×240 mm　印张：13　字数：155 千

定价：68.00 元

我的教育之路

我是中国万千教育工作者中的普通一员，扎根基础教育二十余年。凭借对教育事业的一腔热情，我毅然选择基础教育这条道路，教书育人成了我终生奋斗的事业。在深爱的事业上，我幸福地奉献着青春和汗水，也收获了职业的幸福与个人成长。我喜欢与孩子们一起成长，我愿意做孩子们忠实的陪伴者，在他们成长的关键时期能助一臂之力。

未来社会需要有价值并且能创造价值的人，所以，教育的本质追求就是"让每个生命彰显价值"。孩子们在成长过程中既要完善自我，找到存在的意义，活出自己的精彩，也要造福社会，实现社会价值。教育的本质就是去唤醒生命，激发潜能，实现生命的价值。教育就是通过育"人"，育"全人"，着眼于"一个完整的人"和"一个人完整的一生"，不断唤醒、激活，让每个生命彰显价值。

着眼于育"一个完整的人"和"一个人完整的一生"的教育追求，体现了学校对于教育育人的重视，关注个体差异、助力全面发展是学校探索的永恒话题。

育"一个完整的人"可以从两个维度来看：一是基于健全人格，促进德智体美劳全面发展，让个体生命的潜能得到自由、充分、全面、和谐、持续发展。二是基于对每个生命个体差异的尊重，教师要用放大镜帮助孩子寻找闪光点，发掘潜能，既要鼓励孩子无限度地发扬闪光点，又要搭建平台去激发孩子的潜能，让其成为更好的自己，助力每个人不一样的精彩人生。

教育既要放眼孩子的未来，也要立足孩子学习生活的当下。放眼未来指的是，要在"让每个生命彰显价值"理念指引下，实现"培养新时代中华好少年"的育人目标。立足当下指的是，在教育过程中要关注"此时此刻此情此景"，"这一个人"的生命、人格和价值生成。每一时刻的生命都是不可复制不可重现的，每一个教育的瞬间都值得被温柔对待，所以，教育应时时处处都体现出对学生的人文关怀。

我先后有四所学校的管理经历，这四所学校既有名校办的分校，也有高等院校办的分校，还有基础较薄弱的乡镇学校，每一所学校在管理实践中都给了我思考和学习的机遇，当然也有极大的挑战，每一段经历都是成长，每一段办学实践都为下一阶段提供了经验与借鉴。

感恩遇见，遇见美好！

从教二十余年，无论是语文教学，还是办学理念、学校文化、学校管理、干部队伍建设，或是师生成长、家校共育，我将积累的点滴感悟与想法、案例与实践化为文字，写成此书，也算是对自己教育实践的总结，希望能在教育之路上贡献绵薄之力。

目　录
CONTENTS

第一章 学校文化体系

第一节 教育思考：办学是基于什么和为了什么

办学治校是教育中最重要的部分，学校校长在办学时必须要思考和明晰未来社会需要什么样的人、教育的本质是什么、学校自身的定位是什么、我们的教育追求是什么等这些基本且核心的问题。

这四大追问也是我的灵魂四问，它代表着我对于办学不同的思考方向。

未来社会需要什么样的人？基础教育是为未来社会培养人才的，是站在未来社会对人才需求的角度来思考的。不同的时代对于人才有着不同的需求，只有培养与时代发展和未来社会需求相符合的人，才算是真正担当起教育的使命与责任。

教育的本质是什么？这个问题是对教育本源的追溯。正所谓"穷理必穷其源"，只有探寻教育的本质，坚守教育的本质，才能实现真正的、纯粹的、有意义的教育。教育的本质是激励、唤醒和鼓舞。

学校自身的定位是什么？我认为只有客观、深入地站在学校的内在去剖析学校、解读学校、改变学校，才能突破"千校一面"的困局，彰显学校自身的魅力。

我们的教育追求是什么？我认为只有将自己的教育情怀融入办学中，这样的教育才会有情感、有温度。教育追求的是不断唤醒生命，实现生命的价值。

思考带来的是深度和厚重。办学是基于什么和为了什么？对此，我结合多年的教育经验，针对四大问题进行了深入的思考并将一一进行解答。

一、未来社会需要什么样的人

未来社会需要有价值且能创造价值的人。

未来社会需要什么样的人，关乎教育的历史使命，关乎教育的社会功能，更是中华民族延续的基础。一个具备价值和能够创造价值的人对于社会发展来说是非常重要的。正如亚里士多德所说："人生最终的价值在于觉醒和思考的能力，而不只在于生存。"一个具备价值和能够创造价值的人，从内在来说，能够自我觉醒和思考，能够不断完善自我，找到生命存在的意义，活出人生的精彩；对外在而言，他们能够担当起社会的责任，有所发展，从而能够适应社会并贡献于社会，成为推动和促进社会进步和发展的中坚力量。

二、教育的本质是什么

教育的本质是激励、唤醒和鼓舞。

如果教育不能触及人的灵魂，不能引起人的灵魂深处的变革，它就不能成为教育。哲学家雅斯贝尔斯认为："真正的教育是用一棵树摇动另外一棵树，用一朵云推动另外一朵云，用一个灵魂唤醒另一个灵魂。"教育家斯普朗格强调："教育最终的目的不是传授已有东西，而是把人的创造力诱导出来，将生命感、价值感唤醒。"教育之所以为教育，正在于它要唤醒学生生命的意识，捍卫生命的尊严，从而让每个生命更有价值和意义，更趋于完善。这也是我对教育本质的理解。

三、学校自身的定位是什么

学校自身的定位是：办一所有价值、有影响力的学校。

一所独立而有魅力的学校应该有其特有的气质，这种气质生成于学校的底蕴，生成于学校的定位。作为学校校长，要能充分认识到"国家教育行政"的文化属性和"教育引领示范"的角色定位。在此基础上，我们以高标准、严要求的姿态来定位学校发展，力求让学校在基础教育中发挥价值引领、榜样示范的作用，成为一所有价值、有影响力的学校，成为引领教育改革的典范。

四、我们的教育追求是什么

教育追求：让每个人都成为有价值的自己，让每个生命彰显价值。

作为一名教师，每个人都应有自己的教育理想和情怀，这是一种为了教育而矢志不渝的信念，是一种乌托邦式的精神追求。"价值教育"以人为本，以提升生命价值为追求，尊重每个生命，呵护每个生命，让每个生命的价值都能逐渐发展与完善，最后得到彰显。

第二节　理念生成：让每个生命彰显价值

办学理念是教育理念的下位概念，是基于"办怎么样的学校"和"怎样办好学校"的深层次思考的结果。基于对以上四大问题的缜密思考和深入研究，国家教育行政学院附属实验学校形成了"让每个生命彰显价值"的办学理念。"让每个生命彰显价值"强调的是"价值教育"，也就是培养人优秀的价值品质。

"理论综述"是对价值教育理论的研究。它是价值教育存在和形成的理论依据，也是学校办学理念提出的重要参考点。

"理念形成"是对价值理念的认知。它涵盖了对价值教育的理念和主张。

"核心价值"是对价值教育一级目标和二级目标要素的提取。它并不涵盖所有的价值取向，而是价值教育中对学生较为重要的核心价值。

一、价值教育的理论综述

价值教育是国际教育界自20世纪90年代以来兴起的一种国际性的教育思潮，是面对现代性教育价值危机而形成的一种新的教育理念和教育思想，也是一种教育实践的操作形式。作为一种教育思潮，价值教育发源于英国、美国等西方国家，它倡导在多元民主社会形成共享的价值观，在教育中进行直接的价值观教育。

（一）国际对价值教育的定义

20世纪90年代以后，世界形势的变化为西方国家价值教育的复兴提供了良好的土壤。1991年，欧洲教育发展与研究共同体设立的欧洲教育中的价值观项目，对价值教育理论研究和实践推广起了很大的作用。

克里夫·贝克教授在价值教育理论研究方面颇有建树。他认为，价值发生在每个人的日常生活之中，在很大程度上，价值植根于人性本身，价值植根于人生幸福或者说美好生活。如果认定某种行为和追求促进了人生的幸福，那么就说它们是正确的、好的、有价值的。

拉斯、哈明和西蒙的定义：价值是个体愿意自豪地选择、珍视和不断重复地按此行动，构成一个完整的价值澄清过程。

海尔斯蒂德和泰勒的定义：价值是指人们对行为提供普遍指导或对信念、行动进行评价，而采用的原则、基本信念、理想、标准和生活态度，并且与个人的人格认同相联系。

（二）我国对价值教育的定义

北京师范大学石中英教授认为：价值教育不是有关如何增强物品或社会服务"有用性"的教育，而是有关人们如何行为才是"正当的""对的""好的"或"高尚的"的教育，是有关人们行为正当性原则的教育，因而也是有关培养正直的、真正的、有良好品格的人的教育。

价值教育的任务不是要帮助学生掌握有效满足自己各种不同需要的方式方法，而是要帮助他们认识、体验、认同并在日常生活中践行那些为社会所公认的正当性原则。

（三）对我的启发

通过相关价值教育理论的学习和研究，我认为，价值教育旨在发现、寻找人的归属和提升人的生命意义与人生境界，它指向人的生存目的，它要使人认识到人自身的存在目的和存在价值，使人的生活充满价值和意义。价值教育要培养的是人格完整和具有文化素养的人，是追求真、善、美的人，是立足现实、不断追求自我超越的人，是有理想、有意义、具有价值感并有创造价值能力的人。

二、价值教育的理念形成

正是因为每个生命都具有价值，每个生命的价值都是重要的，每个生命的价值都值得丰富，所以我提出了"让每个生命彰显价值"的办学理念。这个理念体现着对生命的珍视，表达着对教育的认知，展现着对价值的认同。

"让每个生命彰显价值"的办学理念有三大核心内涵：基于生命，立足生活，指向人生目的；关注个体，完善人格，提升人生境界；创造价值，超越自我，通往人生自由。

（一）基于生命，立足生活，指向人生目的

"让每个生命彰显价值"的理念，一方面强调教育要以人的生命为基点，立足于人的生活，在生活中进行教育，从而实现更好的生活；另一方面是教育要人性化，教育是要使人成为人，而非"器"非"物"，教育不是单纯追求成功的教育，而是能让人完善自我的教育。

（二）关注个体，完善人格，提升人生境界

生命的存在都是有意义的。教育需要关注个体人生的境况，重视个体的价值，致力于个体的发展与进步。同时，教育不能停留于此，还要通过价值教育使人超越个体，摆脱自我中心主义倾向，提升人生境界，实现人格的完善。

（三）创造价值，超越自我，通往人生自由

每个人的价值都是不可估量的，不可设限的。生命不应拘泥于有限，而要适应和超越现实，创造无限可能。教育就是要在发现价值、创造价值中追求超越，从而走向自由。教育让个体发挥其能动创造性，在责任中追求理想，在历史中面向未来，在发展中超越自我，成为自由发展的人，"止于至善"。

三、价值教育的核心价值

结合21世纪人才需要的核心素养、社会主义核心价值观和学校对价值教育的解读，突出强调个人之于自我、之于社会、之于国家三方面的价值体现，学校提出了三大层面的九大核心价值点，它是学生核心价值的具体体现。

（一）个人价值：身心健康，学会学习，审美情趣

身心健康，是学生生命成长的根本目标，也是自我价值实现的基础和保障。学生要保持身心健康，懂得珍惜生命，不断健全人格，从而展现出健康的体魄和良好的精神风貌。

学会学习，是21世纪的生存理念，更是学生彰显价值、完善人格、提升境界的途径和方法。学会学习是让学生善学习、会思考、善质疑。在当今的知识经济时代，学会学习能让学生拥有终身学习的意识，持续学习的能力，快速全面获取信息和知识的能力，符合时代发展要求的能力，以及推动社会发展的创新思维能力。

审美情趣，不仅可以陶冶情操，还能反映学生的自我审美、自我实现的需要。审美情趣能让学生拥有美好的心灵，发现美、感悟美、创造美，具有健康的审美价值取向，学会珍惜美好事物，并在生活中拓展美、升华美，从而在内心深处致力于追求真善美的人生。

（二）社会价值：崇德修身，社会责任，实践创新

崇德修身，既是自我品格和德行的修炼，也是外显于社会价值的一种体现。管仲曰："道德当身，故不以物惑。"崇德修身能让学生正己修身，学会内省，获得崇高的品德和完善的人格，能让学生做到明理

知法、诚信公正。

社会责任，是学生的世界观、人生观、价值观在社会中的具体体现。社会责任是让学生在发现自我、实现自我的基础上不拘于自我，要有大局观，拥有社会责任感、正义感和集体主义观，要懂得合作担当，要崇尚法治，要有生态意识。

实践创新，是推动社会发展的不竭动力，也是未来人才不断实现自我超越的重要能力。实践创新能让学生学会主动探索、不断创新，让学生拥有丰富的想象力和无限的创造力，并将其所思所想落于实际行动之中，在自我超越中实现自我价值和社会价值。

（三）国家价值：人文底蕴，国家认同，国际理解

人文底蕴，是一个人的内在精神品格，既体现在人的气质和价值取向之中，也汇聚于民族精神之中。人文底蕴包含人文积淀和人文情怀。人文积淀就是让学生做有根之人，在传承和弘扬中华传统文化中丰富自己的人文知识和底蕴，提升人文素养；人文情怀就是让学生具有人文关怀，尊重、维护他人的尊严和价值，关切他人的生存和发展。

国家认同，既是一个人对国家的价值理解，也是对国家的情感归依。"苟利国家生死以，岂因祸福避趋之"，国家认同感彰显其中。国家认同是让学生具有捍卫国家的政治意识，对国家有归属感，能够主动自觉地热爱祖国，维护民族团结，捍卫国家尊严和利益，为实现中华民族伟大复兴而不懈奋斗。

国际理解，是未来教育的发展趋势，也是21世纪人才面向世界、理解世界、走向世界的必备素养。著名社会学家费孝通先生总结出："各美其美，美人之美，美美与共，天下大同。"国际理解是让学生具有开阔的国际视野，以开放、民主的心态去关注人类文明和世界发展；

让学生了解、尊重并欣赏多元文化，在"美美与共"中不断追求"天下大同"。

第三节 文化建构：日新仁爱至善

学校在经过教育的思考和理念的提炼后，首先便开始建设自身的文化。文化办学是一种最好的办学状态，进行文化的建构能够丰富学校底蕴，促进学校可持续发展，为此，学校在文化引领办学过程中，首先分析了文化对于学校的意义，在此基础上，结合学校的实际情况，阐释了学校需要什么样的文化，并对其做出了具体诠释。

一、文化对学校发展有何意义

每所学校都应该建设文化，许多学校也正在努力建设文化。文化对于学校来说十分必要，它不仅能够表达学校的办学思想，能够为管理者提供引领，也为学校师生提供了精神家园。注重文化、强调文化，不仅能够使学校教育更加富有内涵，还能提升学校的品位，促进学校的发展。

（一）表达理念

文化能有效地表达学校的教育理念。教育理念是思想层面的内容，它的落地需要一定的载体，学校文化便是落实教育理念的有机载体。文化是学校以理念为引领，经过沉淀和物化所形成的深刻的、内发的品质，无时无刻不充盈在学校的每个角落，因此能将学校的思想、追求和目标等表达出来，显现出来。

（二）彰显管理

文化能为学校管理提供价值引领。学校的跨越发展在一定程度上取决于学校的管理，而学校管理的最佳方式是文化管理，也就是说，文化能影响学校的管理效果。因为文化对师生具有约束和规范作用，能够为学校管理提供引领，通过这种文化引领，直接感召师生向着共同的目标而凝心聚力。

（三）建筑精神

文化代表学校生命的"精神家园"。文化是学校的积淀，更多指的是精神层面的东西，它能发挥精神浸润的作用，因此，可以说文化是学校师生的"精神家园"。也就是说，文化代表着学校师生精神层面的诉求，具有一种精神力量，能够对身处其中的人产生无形却深刻的影响。

二、"日新仁爱至善"的提出

通过思考文化对于学校的意义，结合学校"让每个生命彰显价值"的办学理念，学校提出了建设学校文化——日新仁爱至善。

（一）弘扬中华优秀传统文化

中华优秀传统文化是生生不息的"血脉"，学校作为社会的重要组成成分，应该将发扬中华优秀传统文化作为使命之一。中华优秀传统文化的丰富哲学思想、人文精神、教化思想、道德理念等，可以为人们认识和改造世界提供有益启迪，可以为治国理政提供有益启示，也可以为道德建设提供有益启发，所以，学校希望通过弘扬中华优秀传统文化，培养发展与传承相结合的新时代学生，彰显他们的人生价值。

"日新"源自《礼记·大学》，"苟日新，日日新，又日新"，体现的是人与自我的关系，指向身心合一。每个人都要爱自己，每天进步一点点。

"仁爱"源自《孟子·尽心上》，"君子之于物也，爱之而弗仁；于民也，仁之而弗亲。亲亲而仁民，仁民而爱物"，体现的是人与他人的关系，指向人我合一。每个人都要爱他人，要推己及人，与人为善。

"至善"源自《礼记·大学》，"大学之道，在明明德，在亲民，在止于至善"，体现的是人与自然的关系，指向天人合一。每个人都要爱万物，要完善自我，与自然和谐共生。

（二）"服务＋支持"的管理充满"仁爱"的味道

学校应该是成就人的地方，学校的管理应该不断服务与支持教学一线，不断支持和成就教师发展和学生成长。在学习、生活与工作中，每个人都应是幸福的、轻松的，学校应处处充盈着"仁爱至善"的气息，这样，师生才能心存归属感和认同感，以共同的价值取向紧密地团结在一起。

三、"日新仁爱至善"的内涵

通过具体思考，结合学校的教育追求和理念等，学校的"日新仁爱至善"具有三方面的内涵。

（一）生命发展的港湾

学校是生命发展的港湾，是生命成长的园地、起航的平台。每个人首先要爱自己，不断提升自己，发展自己。

营造文化浓厚、友爱和谐的氛围，不仅有助于师生的发展，也能温暖和滋养师生，让师生拥有归属感、自豪感和幸福感。

（二）"修身齐家治国平天下"的诉求

每个人不仅要爱自己，还要爱他人。每个人都承担着建设国家、服务社会的使命和责任，因此，学校要培养学生修身养德、格物致知，使学生从不断修养自身开始，通过努力，立志使家庭和谐、社会安康、国家富强。

（三）价值不断丰富的过程

从家至国，是从小范围到大范围的发展过程，在这个过程中，生命的价值也在从小到大地不断提高着，而这正表明学校从点滴开始，从细节做起，循序渐进、春风化雨地丰富生命的价值，并力求生命价值的不断最大化。

第四节　目标定位：育人目标和办学目标

从对办学主张的思考和探究，到对文化的梳理和建构，再到对学校目标体系的定位和确立，至此，学校回归了教育的出发点和归宿点。学校的目标体系关乎着办学的最根本内容，表达着最本质的教育追求。

育人目标代表着学校期望培养什么样的人，办学目标代表着期望把学校建成什么样。

基于学校的理念和文化，学校联系实际，经过缜密的思考和研究之后确立了相关目标，形成了学校的育人目标和办学目标，并对相关内容做出具体化和明确化的要求，以使学校的发展方向更加明确，发展过程更加稳健。

一、育人目标：培养新时代的中华好少年

（一）提出依据

学校的育人目标——培养新时代的中华好少年，是整合了办学思考和育人方向，以学校思想和文化为基础，在具体分析目标内容的基础上而提出的。"实现我的梦想，靠这一代，更靠下一代。"长江后浪推前浪，美好的未来要靠今天的少年去开创。把自身成长融入祖国的发展进程中，把自己的梦想汇入中华民族伟大复兴的中国梦，是今天这一代少年的使命，也是祖国和民族的殷切希望。

（二）内涵诠释

"培养新时代的中华好少年"直接体现了学校的培养目标，即希望培养具有民族文化底蕴、适合当今和未来时代发展、立足家国走向世界的人。其中，"中华好少年"即是具有民族文化底蕴的少年，"新时代"即是当今和未来时代的发展趋势，"新时代的中华好少年"一定是能以家国为本而放眼世界的少年。

具体而言，学校认为"新时代的中华好少年"包含着以下几方面的价值品质，即中华底蕴、家国情怀，全球视野、国际理解，创新精神、实践能力，身心健康、审美情趣。

中华底蕴

作为中华儿女，弘扬民族精神与文化是义不容辞的责任，也是提高自身修养与增强底蕴的基础，为此，学校坚持培养有中华底蕴的人，使每个学生都具有人文修养、文化功底、爱国情感和民族精神，成为中华文化的继承者和发扬者。

家国情怀

家国情怀是立德修身之根源，为此学校坚持培养具有家国情怀的人，培养敢于担当、勇于奉献、始终对家国寄予认同感和归属感的学生。

全球视野

在全球化的时代，迅猛发展的社会越来越要求人们具有全球视野。为了让学生适应未来社会的发展，学校坚持培养具有全球视野的人，教育学生以多元的视角去认识世界、理解世界和适应世界。

国际理解

"各美其美，美人之美，美美与共，天下大同。"国际理解是未来人才的必要素养，培养具有国际理解的人，就是培养学生尊重他人，尊重其他国家和民族文化，理解世界的多元性，学会共处、学会交流、学会合作，具有国际责任感和全球意识。

创新精神

创新是发展的必要基础和源泉，对于个人和社会来说均是如此，基于此认识，学校坚持培养具有创新精神的人。学校不仅鼓励学生开拓思维、善于发现，也培养学生发现问题、解决问题的基本能力。总而言之，就是从培养学生的创新意识开始，丰富学生的知识，逐步提高其创新能力。

实践能力

实践能力是创新能力的核心，希望从学校走出去的学生不仅会动脑，更会动手，不仅是思想上的巨人，更是行动上的巨人，拥有将知识和理论应用于实际生活的能力，用切实行动不断地探索世界和创造未来。

身心健康

"淡泊以明志，宁静以致远。"身心健康是生存之基，是平衡之道。学校关注师生的身心健康，让师生有安全感、归属感和稳定感，心有所归，业有所成。

审美情趣

"以美冶性，以美启智，以美正德。"审美情趣是提升学生人生境界的重要源泉。让学生拥有审美情趣，让他们在追求心灵美、语言美、行为美、环境美的同时，不断提升审美品位，完善审美人格，从而去欣赏美、追求美、创造美，实现自己的美丽人生。

（三）目标具化

对于学校的育人目标"培养新时代的中华好少年"，即培养具有"中华底蕴、家国情怀，全球视野、国际理解，创新精神、实践能力，健康身心、审美情趣"的人，学校在学生德、智、体等全面发展的基础上，经过深刻的分析与研究，将育人目标具体落实在品德素养、知识素养、健康素养、艺术素养、实践素养等五目标要素中。

1. 品德素养

在品德素养的培养方面，学校的育人目标主要具化为发扬中华美德、热爱家国民族、具备博爱品质、具有包容精神、树立质疑意识、激活创造兴趣、培植阳光心态和完善审美人格。

发扬中华美德是培养具有中华底蕴的人的品德素养之体现。学校首先引导学生能够将中华美德作为自身的德性，并将这种美德传承与发扬下去。

热爱家国民族是培养具有家国情怀的人的品德素养之体现。学校认为，具有家国情怀的人，应是充满着对家庭、国家、民族的深切的爱与牵挂。

具备博爱品质是培养具有全球视野的人的品德素养之体现。学校培养具有全球视野的人，即能够"泛爱众"，将万事万物均放在自己的胸怀中。

具有包容精神是培养具有国际理解的人的品德素养之体现。学校希望学生拥有理解和体谅他人的豁达态度，能够像大海一样，"海纳百川，有容乃大"。

树立质疑意识是培养具有创新能力的人的品德素养之体现。具有创新能力的人，学校认为首先应具有质疑的品德，这才是创新能力形成的基础。

激活创造兴趣是培养具有实践能力的人的品德素养之体现。学校重在激活学生的兴趣，让学生在兴趣中去探索、去发明、去创造，享受实践之乐。

培植阳光心态是培养身心健康的人的品德素养之体现。学校倡导学生健康快乐地成长，主动调整自己的情绪，积极阳光地学习和生活。

完善审美人格是培养具有审美情趣的人的品德素养之体现。学校倡导学生在发现美、追求美、创造美的过程中不断完善自己的人格。

2. 知识素养

在知识素养的培养方面，学校的育人目标主要具化为熟知传统文化、丰富文化知识、培养开阔思维、尊重他国文化、发展探索思维、扎实理论知识、习得健康方法和审美知识。

熟知传统文化是培养具有中华底蕴的人的知识素养之体现。学校认为，具有中华底蕴的人，首先能够认识、理解和掌握中华传统文化。

丰富文化知识是培养具有家国情怀的人的知识素养之体现。学校引导学生丰富文化知识，让学生能够以文化知识涵养自身的家国情怀。

培养开阔思维是培养具有全球视野的人的知识素养之体现。具有全球视野的人，首先应是具有开阔思维的人，为此学校注重开阔学生的思维。

尊重他国文化是培养具有国际理解的人的知识素养之体现。引导学生尊重他人，尊重其他国家和民族的文化，从文化中汲取精华。

发展探索思维是培养具有创新能力的人的知识素养之体现。探索思维是形成创新能力的起点，学校在培养学生的创新能力时，首先要发展学生的探索思维。

扎实理论知识是培养具有实践能力的人的知识素养之体现。理论知识是成长的基础，夯实学生的知识基础，让他们在一定的理论知识引导下去实践。

习得健康方法是培养身心健康的人的知识素养之体现。学校通过运动、心理调整的方法让学生保持身心健康。

传授审美知识是培养具有审美情趣的人的知识素养之体现。学校通过美育教育培养学生的审美知识，从而获取审美的能力。

3. 健康素养

在健康素养的培养方面，学校的育人目标主要具化为养成良好习惯、锻炼健康身体、强健身体素质、主动互动交流、灵活身体反应、积极动手参与、拥有健康体魄和崇尚高雅追求。

养成良好习惯是培养具有中华底蕴的人的健康素养之体现。让学生养成良好的习惯，学校认为，这有助于身心健康，而且良好习惯的养成过程中也涉及中华底蕴。

锻炼健康身体是培养具有家国情怀的人的健康素养之体现。健康的身体是家国情怀的载体，学校引导学生以自身健康为起点，从而发展家国情怀。

强健身体素质是培养具有全球视野的人的健康素养之体现。学校让学生具有良好的身体素质，是因为具有全球视野要求人具备更加全面的素质。

主动互动交流是培养具有国际理解的人的健康素养之体现。学校培养学生要学会共处，学会交流，学会合作。

灵活身体反应是培养具有创新能力的人的健康素养之体现。在身体反应上灵活与敏捷，学校认为这与创新能力是"里应外合"的关系。

积极动手参与是培养具有实践能力的人的健康素养之体现。学校希望培养的学生不仅会学，还要会动手，让所学的知识在动手操作中得到实现。

拥有健康体魄是培养身心健康的人的健康素养之体现。学校培养学生拥有健康的体魄，这是生命成长的基石。

崇尚高雅追求是培养具有审美情趣的人的健康素养之体现。培养学生拥有高雅的追求，雅正做人，崇尚雅致生活。

4. 艺术素养

在艺术素养的培养方面，学校的育人目标主要具化为欣赏中华文化、追求高尚境界、悦纳丰富多彩、理解多元文化、加强创新审美、发现生活之美、陶冶美好心灵和提升审美品位。

欣赏中华文化是培养具有中华底蕴的人的艺术素养之体现。学校引导学生欣赏中华文化，这里的欣赏是从美的角度接受中华文化，形成中华底蕴。

　　追求高尚境界是培养具有家国情怀的人的艺术素养之体现。家国情怀的重要方面是对家国的付出，为此，学校引导学生追求高尚的境界。

　　悦纳丰富多彩是培养具有全球视野的人的艺术素养之体现。具有全球视野的人，应该能够悦纳丰富多彩，即接纳万象，包容异己，最终追求"美美与共"。

　　理解多元文化是培养具有国际理解的人的艺术素养之体现。艺术是多元的，文化也是多元的，学校倡导学生理解文化和艺术的多元性，将不同的文化与艺术完美融合。

　　加强创新审美是培养具有创新能力的人的艺术素养之体现。具有对创新的审美是创新能力发展的前提，学校在培养学生的创新能力时，首先要加强学生的创新审美。

　　发现生活之美是培养具有实践能力的人的艺术素养之体现。学校培养学生拥有发现生活之美的能力，用美的眼睛去看待事物，从而通过实践改变世界，创造未来。

　　陶冶美好心灵是培养身心健康的人的艺术素养之体现。艺术陶冶心灵，学校通过艺术素养来陶冶学生的心灵，使其心灵得以熏陶，得以浸润。

　　提升审美品位是培养具有审美情趣的人的艺术素养之体现。提升学生的审美眼光，提高其鉴赏美的水平，实现从俗到雅的蜕变。

5. 实践素养

　　在实践素养的培养方面，学校的育人目标主要具化为实践文化知识、践行民族精神、走向开放世界、学会合作共处、创造新奇事物、积极探索世界、勤于锻炼体魄和创造生活之美。

　　实践文化知识是培养具有中华底蕴的人的实践素养之体现。学校引导学生实践文化知识，使学生将文化底蕴运用到具体的实践中。

践行民族精神是培养具有家国情怀的人的实践素养之体现。民族精神是家国情怀的最高境界，学校强调学生在亲身实践民族精神的同时形成家国情怀。

走向开放世界是培养具有全球视野的人的实践素养之体现。若要具备国际视野，就要走向更广阔的空间，为此学校要引导学生参与更多的开放活动。

学会合作共处是培养具有国际理解的人的实践素养之体现。学会合作共处是全球化发展的重要特征，只有学会合作，学会交流，学会分享，才能真正促进成长，促进发展。

创造新奇事物是培养具有创新能力的人的实践素养之体现。学校认为，能够创造新奇事物是学生创新能力发展最重要的内容，甚至是创新能力的最佳表现。

积极探索世界是培养具有实践能力的人的实践素养之体现。让学生积极探索世界，可以让他们打开眼界，客观而真实地认识世界，了解世界，走向世界。

勤于锻炼体魄是培养身心健康的人的实践素养之体现。健康是一切的基础，学生要经常锻炼身体，坚持运动，最终拥有一个健康的身体。

创造生活之美是培养具有审美情趣的人的实践素养之体现。美在于生活，在于点滴，学校希望学生贴近生活，发现生活之美，创造生活之美，从而改变生活。

二、办学目标：办一所有价值、有影响力的学校

（一）提出依据

学校的办学目标是经过对学校的认真分析与定位而提出的，既包括对学校文化追求的思考，对学校的教育使命的界定，也表达着学校的办学主张。其提出依据主要有学校的文化追求、学校的教育使命和学校的办学主张。

1.学校的文化追求

学校的文化追求代表着学校期望营造怎样的办学氛围。学校致力于建设"日新仁爱至善"的校园文化，在这种文化引领下，办成富有文化底蕴和弘扬传统文化的代表学校。

2.学校的教育使命

学校的教育使命决定着学校作为社会有机组成部分的价值。学校有责任和义务站在教育的前沿，以最新的教育理念和实践促进教育的发展。

3.学校的办学主张

办学主张是学校最根本、最深切的教育目的。价值教育是学校坚持的核心价值观，主张实现生命价值的拓展，从本质上说也就是不断唤醒和激活生命。

（二）具体阐释

我们力求把学校办成一所有价值、有影响力的学校，这主要从以下三方面具体阐释：学校的文化追求是弘扬中华优秀传统文化，学校的教育使命是引领教育改革，学校的办学主张是提升生命质量。

1. 弘扬中华优秀传统文化

中华优秀传统文化是中华民族的突出优势和精神积淀，学校以发扬优秀传统文化为己任，从教育开始、从娃娃抓起，用民族文化滋养学生，让其修身、克己奉公，推进社会主义核心价值观建设，实现中华民族的伟大复兴。

2. 引领教育改革

学校肩负着更高的责任和使命，将汲取国家教育的先进经验，打造优质的教育教学，提升办学内涵，使自身立足于更高点，扩大教育资源的辐射并促进新区教育的优质均衡发展，为基础教育的发展做出积极贡献。

3. 提升生命质量

学校的直接目标是实现师生的发展，为此，基于学校的价值教育，要真正关注师生的综合素质发展，注重提升师生的生命质量，不仅让师生的身心都能获得健康，而且让师生能够在当下获得快乐与满足，奠基未来的发展，实现未来的幸福。

第五节　特色发展：弘扬中华优秀传统文化

办好每一所学校，使每一所学校各有特色，这是教育发展的需要，是培养多元化人才的需要。可以说，每一所学校都是潜在的特色学校，每一所学校都可以发展成为特色学校。学校结合国家的教育方针和政策，结合学校的价值教育和育人目标、办学目标，将弘扬中华优秀传统文化作为特色发展方向，并从"为什么""是什么""怎么做"三个方面进行了阐述。

"为什么"是对学校的弘扬中华优秀传统文化特色形成依据的探究。特色不是凭空形成的，而是要符合时代的发展，并与学校的办学理念相契合。

"是什么"是对学校的弘扬中华优秀传统文化特色的正确诠释。办学理念是学校办学的灵魂，同样特色理念也是学校特色建设的灵魂，只有在特色理念的引领下，学校的特色发展才会更有方向。

"怎么做"是对学校传统文化特色的内容呈现。特色需要相应的内容来充实，没有内容的特色只是口号，真正的特色必须要落实到师生的教学中、活动中和实践中。

一、提出"弘扬中华优秀传统文化"的依据

学校的特色建设应具备充分的前提条件，为此，学校结合实际情况，经过综合分析，得出特色建设主要基于三个方面：传承中华优秀传统文化，夯实文化强国的根基；挖掘文化精神，丰富价值教育的内涵；弘扬中华优秀传统文化，促进办学及育人目标的达成。

（一）中华优秀传统文化夯实文化强国的根基

文化是民族之根，中华优秀传统文化是中国人安身立命之基。要坚定文化自信，推动中华优秀传统文化创造性转化、创新性发展，继承革命文化，发展社会主义先进文化，不断铸就中华文化新辉煌，建设社会主义文化强国。中华优秀传统文化是文明的源泉，是宝贵的历史遗产，更是实现文化强国的历史支撑。在面向现代化和全球化的今天，传统文化中优秀的核心价值应该得到继承和发扬。

（二）中华优秀传统文化丰富价值教育的内涵

对待中国传统文化的正确态度应该是取其精华，去其糟粕。在深入研究我国优秀传统文化时，要提炼其中的精神和价值，如知行合一、学以致用的思想，讲仁爱、重民本、守诚信、崇正义、尚和合、兼相爱、求大同的思想等，都是中华民族最基本的文化基因，这与学校提倡的价值教育内涵相吻合。通过对传统文化的理解与传承，师生能够正确、全面地认知价值教育，从而丰富价值教育的内涵。

（三）中华优秀传统文化促进办学及育人目标的达成

学校"培养新时代的中华好少年"的育人目标和主要办学目标之一的"弘扬中华优秀传统文化"，都是将传统文化作为要点。中华优秀传统文化是中国人的精神家园，抛弃传统、丢掉根本，就等于割断自己的精神命脉。坚持弘扬中华优秀传统文化可以进一步促进学校办学目标及育人目标的达成，所以，将弘扬中华优秀传统文化作为学校特色是学校的重要举措，能够表达学校对传统文化的重视和具体实践的决心。

二、诠释"弘扬中华优秀传统文化"的内涵

中华优秀传统文化博大精深，源远流长，蕴含着丰富的思想精华，是智慧的源泉，是精神的载体。为深入挖掘中华优秀传统文化的价值，让学生从优秀的传统文化中汲取营养，学校确立了特色建设理念——让优秀传统文化滋养成长。

让优秀传统文化滋养成长，在我看来，就是引导学生通过对中华优秀传统文化的理解和学习，吸收其中所沉淀的思想、精神、观念、道德等，并让这些优秀因素影响自己的思维方式、价值观念、行为方

式等。总之，我希望每个学生都能汲取中华优秀传统文化中的文化基因和精神营养，进而以文化为底蕴，以传统为根脉，成长得更加壮硕与健康。

三、"弘扬中华优秀传统文化"的教育实践

以弘扬传统文化为特色，那么具体应该做些什么呢？对于这个问题，学校结合当前学生的成长需要，提出了"我能五步走"：我能诵（输入）→我能懂（内化）→我能谈（输出）→我能做（外化）→我能扬（升华）。

（一）我能诵——诵读国学经典

这是中华优秀传统文化的输入过程。学校通过相关的教育活动，引导学生积极诵读经典国学诗文，让学生对文化经典、优秀传统文化耳熟能详。

（二）我能懂——理解文化精髓

这是中华优秀传统文化的内化过程。学校在学生知晓传统文化的基础上，注重让学生理解传统文化中所要表达的精神与思想，进一步让学生了解中华优秀传统文化，进而产生认同感，并转化为自身的精神。

（三）我能谈——表达文化思想

这是中华优秀传统文化的输出过程。学校认为，当学生能够针对优秀传统文化表达自己的看法或思想时，就说明学生真正有所感悟了，为此，引导学生适当讨论优秀传统文化，不仅能提高学生的语言表达能力，也能让学生更多地吸收文化内涵。

（四）我能做——践行文化精神

这是中华优秀传统文化的外化过程。学校以优秀传统文化为指导，在日常教育教学活动中贯穿优秀传统文化精神，让传统文化真正作用于学生的生命成长。

（五）我能扬——发扬传统文化

这是中华优秀传统文化的升华过程。对优秀传统文化的理解、认同与践行的过程，正是学校所倡导的发扬优秀传统文化的过程，当优秀传统文化深深地影响着学生的成长以至终身发展时，学生便会在潜移默化中弘扬中华优秀传统文化。

第二章 文化立校

第一节 以人为本，构建班级文化

所谓班级文化，是指在班级这一特定社会空间内，由生活、工作和学习于其中的师生历史形成并共同拥有的班级价值观，以及这些价值观在物质与观念形态上的具体化。班级文化是一个班的灵魂和个性气质，是通过学校、教师、社会、家长等的教育行为形成的全班学生和教师共同认可的班集体意识。班级价值观是一个班级的精神、传统、作风和理想追求的综合体现，是班级文化的本质与核心，它能对全体学生和任课教师产生强大的吸引力、向心力、感染力和凝聚力。

学生、教师是班级文化的主体，他们在班级文化建设中起着极其重要的作用。要构建一个健康、阳光、上进的班级文化，关键要发挥人的主观性和能动性，教育中真正做到以人为本，把人作为发展的主体，关注人、尊重人、理解人，促进人的全面发展。

一、以学生发展为本，制订人性化班规班纪

管理和规章制度是班级文化的重要组成部分，如考勤制度、值日考核制度、课堂纪律规范等。考勤制度是为了杜绝迟到、旷课等现象

而制订的，它提倡遵守纪律、刻苦学习，反对学习不努力、不刻苦，这实际上是提倡文明守纪精神文化。值日考核制度是为了杜绝偷懒、耍滑、不爱劳动等行为，提倡文明修身与热爱公共环境，维护公共环境，这实际上是提倡一种公德意识。课堂纪律规范则是教师有序教学、学生有效接受知识的有力保障，这实际上是提倡一种秩序文化。

班规班纪的作用是告诉人们应该做哪些，以及不应该做哪些，这样人们就有了行为准则；它又告诉人们，如果不这样做，会带来什么后果，所以说它实际上是以告诫人的形式约束着每个人的行为。它的导向作用、规范作用、约束作用和惩戒作用都有效地影响着班级文化建设。

在班级建设中，要以学生的发展为本，关注学生的终身发展。在制订具体的班规班纪时，要从这个点出发去思考问题，不断审视教育环节中不利于学生终身发展的做法，要把尊重给予每一个学生，让学生通过学校生活养成求知好学、宽容合作的良好习惯。

比如学校的量化分考核制度的实施，结合了青少年心理特点及中小学教育规律，采取每个月在60分的基础上以加分的形式来考核每个学生，使他们关注的焦点不是别人的缺点、弱势，而是他人身上的闪光点。这样引导学生关注他人的优点和长处，使他们能以人之所长补己之短，总有进步发展的目标和空间，培养出开阔的心胸、平和的心态和积极乐观的生活态度。

二、善于发现，构建学习型班级文化

现代教育管理的最高境界是什么？是发现，对人的发现。教师应该能够从每个学生身上发现其闪光点和不同点，然后激励之、弘扬之，让学生因自己的优点而骄傲，让他们心中的自信压倒自卑，充分锻炼自己的能力。

构建学习型的班级文化，就是要在善于发现的基础上，构建互相尊重、平等和谐的互动团队，使每个成员的智慧和潜力都得到充分的发掘，使人们的思想和行为在宽松的氛围中始终处于被激活状态，从而让个人和组织都保持旺盛的生机和活力。

构建学习型班级的基本要求是：自我超越、改善心智模式、建立共同愿景、团队学习和系统思考。构建学习型班级的终极目的是要促进人的全面发展，塑造学习型的人，因此，构建学习型班级的目标、过程和方法都应该建立在塑造学习型的人的基础上，重视人、理解人、尊重人、依靠人、凝聚人、发展人，只有这样，班级的个体和整体才会迸发出无穷的力量。

构建学习型班级文化，主要是通过一系列的活动来展开的。班级是学校的一级重要组织，团支部和班委会是一个班的核心力量，他们的组织能力、创新能力和工作责任心，对于能否落实学校、年级推出的各项活动及其圆满完成，对于能否结合本班实际开展有特色的活动，均起到至关重要的作用。一个良好的集体心理氛围、健康向上的班风，往往是在各项文化活动中凝聚形成的。

2003年教师节，学生策划主持了一次生动的班会，活动内容是老师和学生一起做两个游戏——"信任背摔"和"诺亚方舟"。"信任背摔"由一位老师或学生站在一个高台上，手脚捆住，往后摔，下面是数十位老师与学生的手臂组成的一张大网。"诺亚方舟"则是由一些垫子铺成船形，老师和学生站在"船"上后，要将垫子一块块往下撤，为避免有人落水，"船"上师生就要万众一心、齐心协力、相互帮助。这次活动不仅促进了师生间的相互信任、相互理解和相互关爱，也为学生提供了成长和发展的空间，尽情地释放了他们的想象力、表现力和创造力。

　　另外，学校也举办了一些别致的活动，如每月最后一周的班会课，设计为团体互学课，向别人学习，相互启迪，最后信息资源共享，释放出更大的智慧和能力。学校将每月的月考成绩（各科成绩、总分、平均分、班级排名）在电脑中进行数据比较，按班级排名给予不同的颜色（红色为前11名，蓝色为中间11名，绿色为后11名），每次由颜色的不同来区分进步还是退步。月考评价，前几次由老师讲评，主要是根据一个月来各方面表现来分析考试中存在的问题、原因何在、如何改进等等。最后由同学自己评价，评价过程中只需自己和自己比较，这样就便于同学用发展的眼光来看待自己的成长，同时对自己有了更为清晰明确的认识，其他同学在别人的分析评价中也能得到一些经验和教训。

三、自主管理，激发学生巨大潜能

　　教师要引导学生通过回顾、目标、规则、反馈、评定等步骤，实现自我管理和互动管理，使班级成为一个具有自我检测能力、自我评价能力、自我调控能力和自我修复能力的组织。学生在自我管理的过程中，以开放求实的心态互动切磋，不断积累知识，不断进行创新，从而提高班级快速应变、创造未来的能力。

　　学生的自主管理的具体实施主要分三步走：

　　（一）认识自己。所谓"知人者智，自知者明"，只有正确地认识自己，才能正确地教育自己，发挥自己的优势，弥补自己的不足，成为班级的主人，生活的强者。于是，在学校任教时，我充分利用了开学初的军训，让同学们天天记日记，写军训总结，同时又利用主题班会让同学们介绍自己，再与同学对比，最后写总结。通过这种方式，同学们对自己的优势和不足都有了清晰的认识。

（二）审视自己。曾子说："吾日三省吾身：为人谋而不忠乎？与朋友交而不信乎？传不习乎？"古人尚且倡导一日三省，何况处于青春期的学生呢。于是，在学校任教时，我又利用周记、个别谈话和以公开批评为主题的班会课，让同学充分"审视"自己，找出自己与班级文化的差距，与班级宗旨的差距，从而调整自己与班集体的关系，使自己尽早融入班集体这个大家庭。

（三）教育自我，管理自我。教育本身就是学生自我教育的过程，即如何体现学生的主体地位。在学校任教时，我在班级管理中尝试实施助理班主任制度，下设班委，班级管理全部交给班干部和学生本人。助理班主任由全班同学自愿报名担任，负责班主任日常事务，任期三天。每天从晨检到卫生、交作业情况、出操、纪律等都由助理班主任负责，而我则退至幕后，进行指导，三天任期结束再指导学生进行总结，指出其优势及不足。这一措施的实施增强了全班同学的主人翁责任感，迅速构建了一个健康、阳光、上进的班集体。

班级文化建设是一项系统性很强的工程，需要调动包括学校、教师、学生、社会、家长等在内的多种因素，在这许多因素中，最主要、最活跃的仍是占主体的学生，只有充分体现以人为本的思想，有力地促进学生的发展，才可能建设和谐、积极、健康、上进的班级文化。

第二节 节日文化，彰显校园人文情怀

按照全国教育科学"十一五"规划课题"和谐德育研究与实验"总课题组的研究精神指导，为了深入挖掘节日中的文化内涵，学校适时开展节日文化教育，旨在构建以节日、纪念日为主线的校园文化，展示校园人文情怀。

学校通过生动多样的形式，按照逢节日必有主题活动的要求，让学生慢慢体会传统节日中的文化内涵，进而内化到言行举止中。下面将从三个方面举几个重大节日介绍一下学校是如何开展这一系列主题教育活动的。

一、弘扬传统文化，展现文化校园

构建和谐校园离不开传统文化。传统文化强调人格的平等，敬重他人，这是人际关系和谐的基本前提。如果能在校园内真正做到以人为本，形成和谐的师生关系、同事关系、同学关系、上下级关系、家校关系，那么学校必定会"政通人和""事业兴旺"。弘扬传统文化的最佳载体就是传统节日，因此学校抓住国务院将部分传统节日定为法定假日的契机，大力开展各种主题教育活动。

（一）清明节——追根溯源，传承文明

1. 发动学生搜集资料，了解清明文化和人类起源的有关知识。同学们通过上网、阅读等方式查阅各种各样的资料，有清明节的由来、习俗及相关传说，同时同学们对古人类的起源，尤其是北京猿人的发现都有了一定了解。

2. 组织清明祭扫北京周口店北京人遗址的大型活动。在这片名为"周口店"的青山绿水中长眠着贾兰坡、裴文中、尹赞勋等古人类学家，他们在20世纪20年代最早发现了北京人的遗迹而震惊世界。贾兰坡之子——年近古稀的贾彧彰老人深切寄语："大家要继承先人遗志，努力努力再努力。"

3. 参观遗址博物馆，现场体验考古发掘，了解远古先人们"走出洪荒岁月，走进文明时代"。让同学们深刻地意识到，追忆先人、缅怀先烈，就是要以先辈为榜样，为中华之崛起而读书，传承并发扬中华民族传统文化，不断加强思想道德建设，完善自我，形成珍惜幸福、感恩社会的思想观念。

（二）中秋节——诵读经典，弘扬传统文化

我国有几千年的文化积淀，其中的名篇是传承不息的瑰宝，诵读经典可以使全校师生在对价值观的认同中提升思想和道德水准。诵读经典不仅能使师生做到谈吐儒雅，举止文明，更能使情操得到陶冶，灵魂得到净化，品格得到提升，追求得到升华。

1. 布置一份中秋特色家庭作业。作业设计了三道题目：（1）小思考：结合中秋节的风俗习惯说一说，想到中秋节你想到了什么。（2）古人写了许多有关中秋节的诗，写出一首有关中秋节的诗，再画出诗中的情境。（3）月饼是过中秋节时不可缺少的食物，假如你是月饼师，你会制作一份什么样的月饼送给你的家人？同学们根据自己的兴趣和能力自由选择其中一道题，利用图书馆和互联网获取资料，并通过对搜集的材料进行筛选、整理后完成作业。此次活动旨在让学生感受中

华传统文化的独特魅力，提高学生的人文素养和科学素养。

2. 师生同台共读经典诗文。各年级各班开展诵读经典的热潮，最后全校选拔出优秀学生进行比赛。以语文教师为核心的所有任课教师都参与了此项活动，教师不仅在台下指导学生诵读，还上台和学生一起演出。此项活动引导广大青少年弘扬中华传统美德，追求高尚的道德情操，陶冶健康的审美情趣，创造丰富的精神世界，促进学生形成健康的人格，养成良好的文明行为习惯，从而树立正确的社会主义荣辱观。

3. 师生同庆中秋联欢晚会。在联欢会欢乐的气氛中，同学们畅所欲言，轻歌曼舞，用优美的歌声表达对亲人的思念和对学校的感激之情。

二、以学生为本，彰显人文校园

（一）军训——新生入学第一个重大节日

八月下旬，学校开始对刚入学的初一和高一学生进行军事训练。参加军事训练是新生进入中学阶段面临的第一个重大节日，迈好中学生活第一步就从这里开始。在学校任教时，我和其他教师一起做了大量的军训准备工作。

1. 编写并组织学习了校本课程《军训读本》。《军训读本》中简单介绍了我军发展史，军训基地历史上的重大战史，军训的现实意义，目前国家的新型武器，让同学们对军训基地和军营生活充满了向往。

2. 学生参与军训活动的设计。在军训前通过调查问卷的形式了解学生最希望训练哪些项目，最想了解哪些方面的知识，搜集整理反馈信息后，再与军训基地的领导进行协商。应学生的要求，军训时增加了带同学们参观新型武器博物馆和实弹练习的项目，同学们兴趣十分浓厚，军训的每一天都充满好奇心和新鲜感。

3. 学生自定军训目标。只有主体自觉有了目标，才会有前进的动力。学生自定目标，就由被动地接受教育转变为主动地自我教育。学生根据体能训练、生活习惯、意志品质和道德情操四方面细化成的12项具体要求来制订自己明确的目标。军训中，学生每天根据自定的目标按照细化内容进行自评，在自评的基础上再由军训班组同学、教官和班主任老师进行评定。在这套自我激励评价体系中，学生在老师的引导下始终起主体作用，自己记录成长的全过程，从中懂得如何实现自己的价值，能清晰地看到自己成长的足迹，从而在成长过程中享受快乐。军训结束，再引导学生自我总结，并畅谈如何有效迁移和巩固军训成果。

4. 开营仪式之前，请教育专家徐安德老师做讲座。徐老师讲述了在军营里应该学习哪些内容，并激励了学生要爱军、爱国。

5. 学生每天写一篇军训日记，由班主任批阅。日记本上的交流既拉近了师生间的距离，又能及时疏导和排解学生的压力。

在这种形势下，军训中请病假的少了，中途回家的没有了，同学们精神十足地完成了军训任务，并取得了良好效果。

（二）教师节——尊师，爱生，师生同乐

以往的教师节是以教师接受学生的祝福、感受节日的快乐为主，但是学生和教师的快乐往往是相互的，而且活动处处显教育，于是这次学校的教师节活动分两部分开展。

第一部分：尊师篇

1.在孔庙隆重举行拜师仪式。在全体师生向孔子像行礼之后，全体同学诵读"拜师帖"并向自己的老师呈帖，表明学习的志向和诚心，然后由教师代表诵读"回帖"，老师向学生代表授帖，仪式的气氛隆重、严肃。此次活动不仅对学生进行了尊师教育，也使教师更加明确了自己的责任和义务。

2.开展"师恩难忘"教师节大型征文活动。把所有的情怀都在这里释放，大家一起怀念，一起感谢，一起关注，一起祝福，向自己崇敬的老师表达想要表达的敬意……老师，您辛苦了！

3.小记者大型采访。在教师节前夕，小记者团对全校教师进行随机采访，了解教师每天的工作，记录教师的感人事迹。

4.综合展示。教师节当日晨会，全体师生举行庆祝仪式，学生代表献词，小记者团汇报，展示祝福墙，为教师献花环……记录每一个感人的瞬间。

第二部分：爱生篇

1.多给学生一个微笑，多找一个学生谈心，多给学生一份关爱。

2.备好每一节课，上好每一节课，批改好每一次作业。

3.教师节当日，教师向每班学生赠书《感动青春》。

在教师节活动中，学校以亲师活动为载体，倡导师生同乐，在活动中增进师生情谊，架设平等桥梁，促进师生和谐发展。

三、校本节日，促进学生发展

（一）读书节——诵读经典，净化心灵

对中学生进行德育教育，不能靠大而无当的理论来运作，而是需要通过言行来感化。学校倡导诵读经典，可以将传统文化的精髓潜移默化成为具体的行为，从而有利于中学生良好行为习惯和道德品质的养成。

1. 以《弟子规》为主线，开展经典诵读活动。经典诵读活动以德育培养为根本，以儒家经典《弟子规》为主线贯串各年龄段学生的诵读学习。

2. 语文组老师挑选诵读篇目。从学期初开始，每天以"晨诵""午读""暮省"为诵读活动的主要方式，结合各班级实际情况开展诵读活动。将每天早自习前15分钟或下午课前15分钟定为经典诵读时间，班主任和指导教师到课堂引导学生诵读经典；晚上学生梳理一天的诵读心得体会。

3. 开设阅读指导课。学校每周开设一节阅读指导课，侧重于阅读方法指导并与班级内学生交流学习心得。每月开展一次校内读书交流活动。读书节结束时，将评选"经典诵读之星"和"书香班级"。通过开展各种诵读活动，引导学生从传统的优秀经典诗文中寻求滋养，在文化底蕴积淀的过程中突出创新人格与现代精神的塑造。

4. 手抄报设计。各班在广泛搜集资料的基础上，围绕所搜集的资料以及同学们的心得体会等构思栏目，设计制作手抄报。各班评出最好的手抄报，最后在大厅集中展出，在全校范围内掀起"我读书，我快乐，我成长"的高潮。

（二）科技节——崇尚科学，探索创新，和谐发展

学校的科技节以"崇尚科学，探索创新，和谐发展"为主题，以"从我做起，从现在做起，节约每一份资源"为主体内容，遵循"立足普及，鼓励参与，注重实效"原则，积极开展符合青少年特点、内容丰富的科技活动，切实抓好集体"五个一"和个人"八个一"活动。

集体"五个一"活动，即：（1）举办一次科普讨论会。（2）开展一次中学生科普演讲比赛。（3）向社会做一次科技调查。（4）组织一次以科技为内容的主题班会。（5）出一期科技宣传墙报或黑板报。

个人"八个一"活动，即：（1）读一本科技书刊。（2）写一篇科技论文（或研究性学习报告）。（3）做一件科技作品。（4）画一幅科学幻想画。（5）做一件创造发明作品或创新方案设计。（6）以班级为单位编一期科技报刊。（7）看一场科普电影。（8）传播一条实用的科普信息。

各种传统节日、纪念日以及未成年人的入学日、成人宣誓日等有特殊意义的重要日子，都蕴藏着宝贵的思想道德教育资源，学校抓住时机，整合资源，组织了一系列主题教育活动，引导未成年人弘扬民族精神，增进爱国情感，提高道德素养。随着深入挖掘传统节日的文化内涵，学生热爱民族文化的情感日益强烈。构建和谐校园以及和谐的校园生活，使师生相互合作，共同发展，在这样的氛围中，师生为了一个目标共同奋斗，获得成就感和幸福感。

第三节　文化立校，特色发展

文化立校，抓准根本，激发生命活力。特色发展，动静相宜，成就精彩人生。研究教学策略，更新教学理念，促进教学质量稳步提升。

下面以北京市大兴区长子营学校为例，探索乡镇学校以文化为抓手引领学校发展之路。

北京市教育综合改革已然进入深水区，课程设置的修订方案、学科教学改进意见，包括中高考方案的出台，一连串的改革直接冲击着学校的教学和管理。在改革面前，所有学校都站在同一条起跑线上。学校正在聚集力量，积极行动，以改革以创新来回应，寻求新的突破和发展。

一、文化立校，激发生命活力

（一）学校文化就是我们在这儿做事的方式

"我无法告诉你那是什么，但当我看见时便知道它就是。"这就是学校文化。学校文化不是不可捉摸的，它是个无形的存在，用手触摸不到，需要用心去感悟。学校文化从哪里来？它不是创立者或领导者强行塞来的，而是深深扎根于每个学校成员心目中的一种生活方式，因此，不仅需要结合新的时代要求和发展来实现文化引领，更需要师生共同挖掘、提炼和萃取，不断进步。

学校是文化场所，在学校里，人和人相互影响，思想和思想相互交流，情感和情感相互沟通，生命和生命相互对话。一所学校的全体师生的思想、观念、行为、心理、情感、价值取向、工作态度、团队合作、生活方式等所构成的目标方向应该一致，并且成为具有正向作用的一种行为习惯，一种风气，一种氛围，一种校园生态。

（二）挖掘、提炼学校文化的精髓

对每一所学校而言，如果不清楚其发展史，便无法建构学校文化。要建构学校文化，需厘清学校发展脉络，建构学校文化基础，传承学校文化品格。

我们借60周年校庆之机，梳理学校发展历史。学校广泛发动教师、学生共同反思，厘清学校发展脉络：学校建立多长时间了？最初校址在哪里？现在还遗留下什么物件？留下的物件传达的是什么样的信息？学校最初有些什么样的人？学校前几任校长、以前的教师和学生是什么样子的？在学校发展方向上，谁起到了比较大的影响作用？学校历史上有哪些关键事件发生？这些关键事件对学校后来发展产生了什么影响？

在不断追问和反思中，从60年的办学历史中提炼萃取出"长中精神"：敦厚质朴、团结务实、创新进取、责任担当。从60年的奋斗史中提炼出要继承和发扬的优良传统：踏踏实实做人，扎扎实实做事。这就是核心价值观。

在文字、图像及影像资料方面，搜集整理撰写了"两书一册"——校史《60华章》，人物传记写实《长中人，长中事，长中情》，以及学校宣传册，筹建"三馆"——校史馆、教师博物馆和学生博物馆。

没有英雄的学校文化是难以传播的文化，英雄不一定是领袖，可以是学校发展各个阶段在各个岗位做出过突出贡献的人。以身边的英雄为原型，讲述他们的故事，述说教育的情怀。身边的榜样是一笔宝贵的精神财富，通过橱窗、网站、微信公众号、各级各类会议、活动等，定期或不定期地推送身边的榜样，以榜样的力量来推进学校文化建设。

（三）形成"我们感"的价值认同

进行学校文化建设就是要创建一个共同体，让师生能够将自己归属于学校，对学校高度认同，形成"我们感"。

进行学校文化建设就是要让师生每天愿意踏入校门，让他们对学校有家的感觉，让学校成为他们的精神家园。进行学校文化建设就是要让师生真正参与到学校管理、建设和发展中，有一种主人翁责任感。

学校工会组织了各类趣味文体活动、多肉盆栽、厨艺大比拼等等，营造一种温暖的"家文化"。学校还为师生营造了温馨、舒适的办公学习环境，班内的黑板报，走廊里的手抄报、粘贴画、书法作品等，处处洋溢着书香、艺术的气息。教学楼的半圆形大厅、小阳台处处有桌椅，处处有图书，师生随时能坐下来，十分方便。除此之外，在"枫雨心园"里，学校留了一方泥土给学生，种下植物，悉心照料；在"园艺心理"特色校本课程中，学生的爱心也在生根发芽。还有教室里、讲桌前、窗台上，不再是空荡荡的，而是充满了勃勃的绿色生机。校园里处处有绿色，处处有生机，为学生的成长营造了美丽的生态环境。学校是教师另一个温暖的家，一楼茶歇室舒适的沙发、香浓的咖啡、淡雅的茶香、曼妙的音乐，给备课组间活动的和谐交流提供了支持。

（四）北京市大兴区长子营学校文化体系

1. 校　训：明德　厚学

2. 办学理念：做幸福的生命教育

阐释：

"做幸福的生命教育"就是以人为本，充满自信和活力的教育，是可持续发展的教育。

"做幸福的生命教育"就是传承文明，教书育人，把主动权和发展权还给学生的教育。

"做幸福的生命教育"关键是突出时代性和发展性。

3.办学目标：办一所高品质、有特色的区域品牌学校

阐释：

高品质：师生追求幸福人生，绽放生命精彩。

有特色：打造特色课程（科技、艺术、体育）。

4.育人目标：培养"有自信，有活力；会生活，会学习；敢担当，敢创新"的新时代好少年

5.教师文化：一力、二实、三敢、四品

一力：幸福力。提升感受幸福、创造幸福、给予他人幸福的能力。

二实：踏实做人，扎实做事。踏实做人，立德；扎实做事，树人。

三敢：敢想，敢干，敢拼。

四品：敦厚质朴，团结务实，创新进取，责任担当。

二、特色发展，动静相宜

（一）大力发展"龙头"项目，保持优势

学校的体育有明显优势，师资队伍雄厚，生源比较稳定。学校为具有体育特长的学生提供训练平台，提高竞技体育水平。教练员与学生甘苦与共，不分冬夏、坚持不懈地训练，近三年连续取得大兴区中小学田径运动会乡镇组团体总分第一名的优异成绩。同时学校加强了全员健康体育锻炼的意识，开设了丰富的体育课程，如溜溜球、跆拳道、武术、空竹、街舞、篮球、足球等，每年定期举办体育节进行展示。

学校艺术特色也在逐年提升，在原有第二课堂活动的基础上，落实《北京市教育委员会关于在义务教育阶段推行中小学生课外活动计

划的通知》精神，进一步扎实开展社团活动并取得优异成绩。学校被评为大兴区中小学艺术教育先进校，校园剧社团和软笔书法社团被评为大兴区中小学艺术教育优秀学生社团。

（二）静心读书写字，点滴积累生活智慧

全校开展让学生终身受益的读书写字活动，专门制订方案并成立领导小组分步重点落实推进。软笔书法课和阅读经典课受到学生的欢迎，学生通过练字培养了良好的习惯和品格，通过读书提高了阅读兴趣和作品赏析能力。学校获得了大兴区书法教育基地校荣誉称号。

学校结合班级和学生实际，在各班组织开展各类评比展示活动，并对优秀作品和进步作品进行表彰奖励。书法展，笔墨生辉；阅读节，书香四溢；课本剧，突显创新。

三、课堂文化，提升教学质量

（一）更新育人观念，全面贯彻落实生命教育理念，践行社会主义核心价值观

当前，全面落实和践行社会主义核心价值观，培养具有高度科学文化素养和人文素养的人才，已经成为教育改革的重要目标。爱国、敬业、诚信、友善既是做人的行为准则，也是国家对学校育人工作提出的基本要求。基于以上要求，学校将"生命教育"育人理念融入社会主义核心价值观，着眼于每个学生的成长与发展，尊重生命的平等性、差异性和多样性，提出了"做幸福的生命教育"的办学理念，以及基于核心素养的六个指标"人文底蕴，科学精神，学会学习，健康生活，责任担当，实践创新"。结合地域文化特点，学校确立了核心素

养框架下的育人目标，即"两有"：有知识，有文化；"两会"：会学习，会生活；"两敢"：敢担当，敢创新。积极围绕生命教育的自然生命、社会生命、精神生命三重属性开展相应的教育教学活动，让学生在学习与实践中敬畏生命，尊重生命，热爱生命，展现生命价值，绽放生命精彩。

（二）建构以核心素养为目标的生命课程

在教育部2014年印发的《关于全面深化课程改革落实立德树人根本任务的意见》中，第一次提出了"核心素养体系"这个概念。2016年，中国学生发展核心素养正式提出，这是课程改革的关键，新课标的源头，中高考评价的风向标。

核心素养的提出明确了学校要培养什么样的学生。核心素养之所以称为核心，它就一定不是面面俱到，而是学校育人过程中最核心、最关键的素养。核心素养如何培养？这需要依托学校的课程。我校生命教育的内涵是基于育"全人"的教育理念，要培养"两有""两会""两敢"的幸福追梦人，而这"有知识、有文化，会学习、会生活，敢担当、敢创新"的核心素养正是学校课程建设的思考原点。因此，基于学生成长核心素养，学校构建了核心素养导向的课程体系，打造具有学校特色的生命课程。生命课程从生命的存在、生命的成长和生命的品质三个层级，分十个主题构建课程。这十个主题分别是生命与生活、运动与健康、心理与健康、学科基础、知识拓展、文化传承、综合实践、梦想铸造、品格修炼和艺术追寻。

在全面育人共同成长方面，学校以开放性科学实践、综合性社会实践等活动为载体，积淀学生的人文底蕴，培养学生的人文情怀和审美情趣，培养学生的理性思维，以及批判质疑、勇于探究的科学素养。学校安排专任教师开设每周一节的中国传统文化、走进国学经典、软笔书法等课程，同时有选择性地组织学生参观考察故宫博物院、首都博物馆、中国科技馆等。

在助力学生自主发展方面，引导学生认识和发现自我价值，发掘自身潜力，有效应对复杂多变的环境，成就出彩人生。初中三年，学校对学生进行梯队化培养，初一年级对学生进行入学养成教育、新生命教育，开设各种体育艺术特色课程，带领学生走进北京安全自救教育体验基地……培养学生珍爱生命、完善自我的意识；初二年级组织学生走到户外，规划生涯，在各种活动中锻炼自己的健全人格和自我管理能力；初三年级关注学生的心理健康，组织多种活动，让学生乐学善学、勤于反思。

在创设条件鼓励学生参与社会方面，学校提出了"美丽长中，我的责任；美丽大兴，我的责任"的倡议，让学生以志愿服务的形式参与到美化环境的建设中来，比如秋季组织学生打扫校园落叶，雪天组织学生打扫学校道路积雪，周末组织学生到长子营敬老院义务劳动，假期组织学生进行"山西寻根文化之旅"研学……这些活动不仅培养了学生的责任意识，也培养了他们的社会担当意识。

（三）更新教与学的方式，提高教学效率

课堂是实施生命教育的主渠道。在提高课堂效率的行动中，学校始终让学生站在学习舞台的中心，让学生真正乐思考、爱阅读、敢表达。课堂上，实施小组合作学习的方式，发挥小组内的互助精神，增强小组间的竞争意识，培养学生的责任担当。课后，学校制订了动态的教师《课堂评价量表》，方便同学们对教学效果进行快速反馈，有助于提高课堂的有效性。学校改变了教和学的方式，从"学"的角度看，"学"的行为更明确，学生明晰了自己在课堂上应该做什么以及怎么做；

从"教"的角度看，更灵活的授课方式调动了学生学习的主动性和积极性。教学的目的是培养新时代的人才，教师需要具备与时俱进的知识素养，所以师生共读、共研、共成长。

文化立校，说到底还是用生命唤醒生命，让每个生命成为最好的自己。

发现价值，让我的行动富有意义；发现问题，让我的行动更具价值。

第四节　学校文化的落地

学校文化的落地是一个"慢功夫"，现就北京市第二中学亦庄学校推进幸福教育为例，谈一下学校文化的实施路径。

一、幸福教育的内涵

（一）幸福教育的含义

所谓幸福教育，就是立足于师生生活立场，尊重师生生命价值，引导师生在教育教学中体验幸福和创造幸福，从而获得素质全面提升的学校教育实践。

从字面上看，幸福教育包括两层含义：一是"关于幸福的教育"，即通过教育提高师生感知幸福、创造幸福和给予幸福的能力，它指向教育的内容和终极目标；二是"幸福地教""幸福地学"，强调师生双方教育过程的幸福体验，它指向教育的过程。

从内容上看，幸福教育包含两个体系：其一，让教师拥有物质、精神和心灵的幸福生活，因为孩子的幸福观、幸福品质和幸福能力主要从教师那里获得。其二，不仅给予孩子幸福的现在，还要给予孩子一个幸福的未来。所谓幸福的现在，指健康成长和愉悦生活的学生时代；所谓幸福的未来，指完整而和谐、快乐而成功的人生旅程。

（二）幸福教育理念下的教育观

学校教育的核心是基于人的存在，围绕人生展开，解决的是人的存在、人的生存和发展问题。学校教育的核心价值是如何让师生拥有幸福美好的人生。所以，学校首先要明确要构建什么样的学生观、教师观以及什么样的师生关系。

幸福教育理念下的学生观，认为教育对象首先是"人"，不管他们是儿童还是青少年，或者是成人。古代把儿童这一教育对象看作"作为成人雏形的儿童"或"小大人"，否认儿童独特的心理活动和发展规律；现代把儿童这一教育对象看作"作为儿童的儿童"，忽视了儿童作为"人"的存在这一本质特性。儿童同样享有作为人类一员所应有的尊严和权利，同样遭遇着人作为人的存在问题，因此，在教育过程中，我们不仅要帮助学生提高生存能力，还要帮助他们提高存在的智慧；不能只以功利的眼光来培养教育对象，更应该以存在的眼光来对待教育对象。

幸福教育理念下的教师观，认为教师作为"人的教师"，应回到教师本来的和丰富的人性状态；要把作为"自然人的教师"和作为"社会人的教师"两种角色结合起来，关注教师作为人的存在问题。在古代，无论是"作为僧侣的教师"，还是"作为官吏的教师"，都被看作特殊社会利益阶层的代表；在现代，"作为专业人士"的教师，也都被看成肩负着某种特殊的社会功能的人，都没有注意到教师作为"人"的存在。

幸福教育理念下的师生关系，实际上就是"作为教师的人"和"作为学生的人"这两种人之间的关系。师生面临着同样的问题——人的存在，在正确面对和解决这些问题时，教师作为成年人的经验对于学生来说是有用的，却是不充分的，教师的权威自然也就不复存在。在这个关系层次上，师生之间需要真诚的交流、深刻的反省和积极的对话。

二、幸福教育的实施路径和方法

（一）建设符合学生实际的课程体系

现代课程观的核心价值是实现每个学生的有效发展。学校把国家课程的校本化实施和校本课程开发与实践并举，以创生适合每个学生的课程。

1. 国家课程的校本化实施

国家课程具有统一性和普适性，很难照顾到不同地区、不同学校的差异性和个别性，它追求的是适龄儿童、青少年在某个教育阶段要达到的基本目标。

校本化实施，其核心词"实施"表明了国家课程对所有学校所有学生的共同要求，其限定词"校本化"则表示教师可以根据所在学校的实际情况、实际教学情景，特别是学生的实际学习需求，对国家课程进行创造性加工和改造。

加工和改造是对课程内容进行有机整合，包括学科内知识整合、跨学科知识整合、信息技术与学科深层次整合。学科内知识的整合是在系统树立学科知识结构的基础上，对学科教学内容顺序进行适当调整、补充和增加。整合强调学科与社会和生产实践相联系，突出能力培养和思维训练。跨学科整合是通过打破学科界限，融合各学科知识，使学习在原有基础上生发出综合的、交叉的、新的领域的知识、概念及方法，帮助学生以更开阔的视野、更综合和系统的思维，学习知识，了解和认识事物。信息化与学科整合则是网络环境下信息技术与课程的深层次整合，它使学生的问题探究能力和创新思维能力都得到尊重和发展。

2. 校本课程的开发与实践

哈佛大学教授霍华德·加德纳认为，每个学生都具有不同的智力结构。在开发校本课程时，我们应充分研究每个学生的兴趣和爱好，抓住学生学习的兴奋点，全面挖掘每个学生的潜能，让每个学生体验到学习的乐趣，享受到成功的喜悦，建立起自信心。

我校校本课程应充分考虑到幸福教育的价值指向，即培养有灵性的学生，成就有智慧的教师，建设有品位的学校。

"培养有灵性的学生"就需要给予学生自由选课的空间，满足其个性发展需求；"成就有智慧的教师"就是通过拓展课程内容的广度和深度，提高教师的课程意识，促进教师的专业发展；"建设有品位的学校"就是借助学校的课程创新，形成学校的办学特色，促进学校内涵发展。

（二）打造直抵心灵的幸福课堂

课堂是实施幸福教育的主阵地，离开了课堂，幸福教育不过是一句空话。什么是幸福课堂？它包含两个层面：一是要构建基于当前考试制度的有效课堂，让不同层次的学生都有所收获。二是要打造基于幸福教育理念的人性化课堂。以尊重学生、一切为了学生的发展为着眼点，教与学的过程是开放的、充满生命活力的探究、建构、交往、对话与反思的过程，在这个过程中，师生享受学习乐趣，体会成功的喜悦，感悟生命价值。

打造幸福课堂，就是要把课堂还给学生，使学生真正成为学习的主体和主人，使他们在自我感受、自我创造和自我发展过程中感受幸福、享受幸福。立足于有效教学的人性化课堂的实施途径主要有：

1. 引领教师的课堂教学行为

教师的课堂教学行为对学生的学习结果有着最直接的影响，教师对待学生的态度也直接影响学生学习的幸福指数。

那么，何谓教学？第一，教学是教师引起或指导学生进行学习，以达成某种特定的发展目标。第二，教学是一种师生双边的互动。单独的"教"和不依赖于"教"的"自学"都构不成"教学"。第三，任何教学都离不开一定的教学内容或材料。第四，教学必须采取学生在道德上能够接受的方式来进行。那种动辄对学生讽刺、挖苦、侮辱和恶意体罚的行为不能称为"教学"行为。

基于此，教师的课堂教学行为应着重强调以下三点：（1）在教学关系上强调"帮助与引导"，那些没有引起学生学习行为的课堂行为（如灌输）不能称为教学。（2）在师生关系上强调尊重与赞赏。良好的师生关系既是完成有效教学的重要保障，也是优质教学所要追求的目标之一。（3）在对待自我的行为上强调教学反思。

2. 提升学生在课堂上的成就感

教学不仅仅是教师"告诉"，更多的是学生的体验、探究和感悟。教师只有尊重学生的主体地位，给学生充分自主的学习时间，让他们从自由读书、动手操作、动脑思考中去体验和发现乐趣，并能充分尊重学生的体验，让学生在这一过程中建立自信心，学生才能获得成就感，体验到幸福。

要使不同层次的学生在课堂上都有成就感，这对教师的课堂智慧提出了更高的要求，如提问前的预设、作业的分层等。

3. 构建新的课堂评价标准

幸福课堂评价标准最基本的原则是爱教爱学、会教会学、教会学会，其中爱教爱学是前提，会教会学是关键，教会学会是目标。

爱教爱学。首先，树立以生为本的课堂观，坚持学生中心，突出赏识导向，强化寓教于乐；其次，重视动机激发与维持，做到引起注意，所学内容与学生切身相关，不断促进其成功自信，增加满足感。

会教会学。第一，教师善于鼓励学生参与，打造活力课堂；第二，教师能把握关键环节，培养创新能力；第三，教师能开发非智力因素，激发学习动机；第四，教师善于捕捉和利用课堂生成的资源；第五，教师善于了解学生心理，提高注意程度。

教会学会。教会学会说到底就是高分高能。高分就是当堂达标测验考出高分，考出好成绩；高能就是学以致用，举一反三，将所学知识技能迁移到同类问题上，能发现问题和创造性地解决问题。

4. 营造和谐的课堂氛围

课堂氛围具体表现在两个层面：一是心理感受层面，如快乐、喜欢、气愤、忧伤、无奈、反感等；二是行为层面，如微笑、注视、低头不语、木然、嘘声一片等。

教师根据自己的特点形成自己的氛围风格，并在教学中一以贯之。同时，针对教学内容的不同，教师应有选择地创设与之相适应的氛围，使教学活动生动自如。

当然，对于和谐课堂氛围的追求，也要因学科、课型和师生特点的不同而区别对待。一般来说，自然科学类学科应强调严谨，强调结果的唯一性；社会科学类学科则强调开放，追求多种答案；新授课应要求学生认真听；讨论课应要求学生积极思考，深入研讨交流；实验课应要求学生操作规范，勤于动手。教学过程中的不同阶段、不同进程应有所差异，整个教学过程应张弛有度，过于单一的氛围容易造成学生的疲劳。

（三）奠基学生的本色人生

高考不是中学教育的终点，给学生一个幸福的人生才是教育追求的终极目标。也就是说，学校教育的根本目的不是升学、就业，而是帮助学生建立起对人生价值的选择和追求，让他成为他自己，教会他如何做人，如何做事，如何寻找到人生的意义，提升人生的境界。

幸福教育是充满智慧和使命意识的教育，是超越功利直抵心灵的教育，它通过知识的传授、能力的培养和良好心理素质的训练，使学生形成积极的心态和优秀的人格，拥有为幸福人生而奋斗的激情、理智、意志和本领。

1. 幸福教育要面向全体学生

这是针对精英教育而言的，它决定了我们的教育观是创造适合学生的教育，而不是挑选适合教育的学生。这就要求我们要着眼于学生的不同层次、不同发展程度、不同兴趣爱好，实施有针对性的教育。

2. 幸福教育要全面提高学生的综合素质

我们要培养什么样的人？我校确立学生的培养目标是："培养有中国情怀、世界眼光、科学精神、人文素养的高素质人才。"

中国情怀是人的生命成长的根本点，它形成的文化和价值直接影响着终身发展的持续发展力和幸福生活的感受力；世界眼光是发展的助推器，它能使人放眼全球，借鉴全人类智慧寻求生长点；科学精神和人文素养是发展的双翼，这正好与现代教育要培养全面发展的人相契合。

3. 幸福教育要成就更多的"这一个"

成就"这一个"就是注重差异发展，这是针对统一发展而言的。在相当长的时间里，教育的失误是对同一性的过度强化和凸显，把原本的"三角形""长方形""菱形"甚至一些不规则形经过去异求同的培育，统统塑造成了规范标准的"圆形"，这是教育的某种悲哀，因为时代需要的各种类型的人才的棱角和锋芒都被磨平了。

教育要满足学生差异发展的要求，其实质是人才培养体制的变革，包括教育观念、课程体系、教学模式、评价制度等方面的改革。为实现学生差异发展、个性化发展，学校必须追求特色发展，办出不同风格，从而增强学校的办学活力，最终形成各类优秀人才大量涌现的局面。

4. 幸福教育给予学生自由选择的权力

学校要大力创生更多的自由的课堂和教育，在这种自由的课堂和教育中，学生可以自由选择自己喜欢的课程，可以自由选择自己喜爱的活动，可以自由选择自己喜欢的老师，可以自由选择自己擅长的项目……自由，是幸福校园里最重要的标志。

5. 重视学习的过程性评价，建立发展性评价制度

（1）重视学习的过程性评价

教师不仅要关注学生的学习结果，还要关注学生的学习过程，关注学生的能力、情感、价值观的培养。关注是学生成长的动力。

教师的关注，要做到用学生的眼光看世界，用学生的思想想问题，

用学生能够接受的方式开展教学活动，让课堂不再是教师表演的场所，而是学生展示的舞台；关注全体学生，让学生成为课堂的主人，让学生在融入的过程中建立自信，以良好的心态面对学习和生活。

（2）建立发展性评价制度

发展性评价主要是基于发展者自身的现实状态与过去情况进行比较，从而对发展者的发展水平、发展潜力作出综合判断的评价方式。自己与自己比，通过纵向比较分析来明确自己发展的优势与不足，以追求更快、更好的进步。

（四）建设充满发展力和幸福力的教师队伍

教师的幸福不仅关系到教师本人职业生活的幸福，也关乎学生的幸福，只有幸福的教师才能培养出幸福的学生，因此，幸福应该成为教师发展的关注点和重要维度。

教师的幸福源自哪里？它在对专业的认同和成长的过程中，在教学艺术的发挥中，在经过自己的实践促成学生的健康成长中，在对未来桃李芬芳的美好期待中。

1. 提升师德修养，引导教师形成对职业的认同感和归属感

幸福生活是每个人穷其一生追求的终极目标。学校希望把每一位教师都培养成教育家、特级教师，但这未必是每一位教师内心的追求，只有幸福生活才是。物质层面的幸福用时间、金钱可以做到，精神层面的幸福用情感、爱心也可以做到，更高层面的幸福则是幸福的感受力和创造力，它需要对学校文化和未来发展能高度认同且有强烈的归属感。

引导教师树立科学的育人观念：教师与学生平等，在发展学生的过程中发展教师，给教师自由创造的空间，教师的职业幸福要融入学

生的成长快乐之中。

2. 多元化引领，助教师终身发展、全面发展

学校提出"为师生终身发展和幸福生活奠基"。终身发展是一个过程，永无止境，要想做到永无止境，需要培养教师的持续发展力。终身发展概念的提出远远超越专业发展，它将教师的发展提升到了生命成长的高度。

学校成立教师发展中心，侧重教师专业知识与能力的提升；党支部通过"兴教先锋"等系列活动，引领教师师德发展方向及业务发展；工会、校团委、校外办等搭建展示教师才华的舞台，引导教师全面发展。

3. 自主发展，成就教师生命成长

教师自主发展是基于个体需求之上的认识自我、挑战自我、超越自我、成就自我的过程，它是体验成功的前奏。学校鼓励教师参加教育教学研究，唤醒教师的专业发展意识和科学研究意识。

学校鼓励教师著书立言，成熟的作品由学校资助出版。只有有原创动力的老师，才能培养出有创新意识的学生；也只有能感受幸福、创造幸福的老师，才能培养出有幸福力的学生。

4. 扁平化管理，让教师成为管理主体

民主平等是教师幸福感的支撑点。学校强化以人为本的管理理念，压缩管理层次，缩小管理半径，将"金字塔"管理模式转化为"扁平化"管理模式，推行年级主任负责制。年级主任掌管全年级事务性工作，直接对校长负责，同时又接受学校职能处室的指导和监督。年级主任根据本年级的具体情况创造性地开展工作，在职、权、责、利上有较大的自主管理空间，以此引导教师充分地参与民主管理，成为学校管理的

主体。

5.人性化服务，让教师感受职业幸福

学校以"三多三少"为原则建设教师队伍，即情感投入多一点，硬性要求少一点；引导激励多一点，批评指责少一点；教育指导多一点，空洞说教少一点。

学校为教师创设更好的生活、工作环境，筹建茶歇室、健身房、宿舍区公用厨房、教师服务中心等，尽可能满足教师的需求。

（五）创建幸福洋溢的学校文化

学校文化建设主要是育人文化的建设，它是学校的灵魂，以潜移默化的方式影响着教师和学生的思维方式、价值观念和教育行为方式。创建洋溢着幸福气息的学校文化应从以下三个方面入手：

1.精神文化

办学理念如果在全体师生中没有共识就很难谈文化建设，没有对职业的认同感甚至忠诚度，没有合作性的伙伴关系，所谓的文化建设往往只能写在墙上，印在文件中，根本难以践行。

幸福教育理念是我校文化建设的灵魂，它不仅是全体师生共同价值观的集中反映，更是师生思想行为指向的旗帜和航标。幸福教育要取得师生的认同感，内化到精神层面，让学校文化的诸多要素真正进入学生发展历程，并改变教师在学校教育中的思维方式。

2.管理文化

制度性和人文性作为学校管理文化的刚性和柔性维度，关系着学校管理实施的有效性和合理性，因此，合理把握两者之间的关系，强化制度基础和人文观念，注重刚柔并济的有机结合，改革才能切实取

得成效。

（1）幸福管理要做到"三化"

实施幸福管理，我们力求做到"三化"，即制度管理科学化，文化管理人性化，过程管理精细化。

依法治校的制度管理是基石，目前我校制度管理正在逐步完善，它是现代学校制度最重要的标志。

价值引领的文化管理是核心。学校管理的第一要素是人，充分尊重人的尊严和价值，突出以人为本的管理理念，把尽可能关注人的需求和发展作为学校管理工作的精髓。如何把管辖范围内若干个有着独立思想、独立人格的群体统一到一条道路上呢？这就需要价值引领，以共同的价值观引领文化自觉和文化自省，把"激发每一个人的内在动力，促进每一个人的最大发展"作为学校文化管理的过程和目的。教师性格、科室文化是"和而不同"的，只要我们做到"各美其美"，学校就会形成"天下大同"的局面。

目标导向的过程管理是保障。过程管理强调精细化，也就是复杂问题简单化，简单问题程序化，程序问题数量化。

（2）情感沟通，激发教师的工作热情

学校领导和工会经常深入群众，了解听取意见，充分尊重教师的主人翁地位，增进彼此的尊重和理解。

（3）开展丰富多彩的活动，关注教职工身心健康

学校组织开展了形式多样、丰富多彩的教职工文体活动，有效缓解了工作带来的紧张压力；教职工拓展训练活动加深了教职工对人生的感悟，对团队精神和沟通重要性的认识；文艺联欢晚会、演讲比赛、书法、绘画比赛等活动，丰富了教职工的业余文化生活。

3. 环境文化

学校的文化环境可以促使学生充分地挖掘生命的潜能，让每个学生都拥有教育本身所带来的幸福的感觉。

校园环境通常包括建筑、设施、校园绿化、人文景观等，它是无声的教育载体，是学校文化的外显形态。高品位的物质文化能使人身心获得松弛、安宁和愉悦，更能产生净化心灵、升华道德、激励向上的作用。为了达到陶冶情操、美化心灵、环境育人的目的，学校不断加强校园环境文化建设，重视环境育人的作用，努力创造浓厚的幸福教育氛围。

第三章　学校管理变革

第一节　引进名校资源，实现教育均衡发展

一、构建专家引领系统，实现发展导航

如何正确对待并充分利用好优质资源，使之产生以点带面、全面辐射的强大效应，是建设一体化学校的重要内容。我校聘请北京市第二中学的12位教师为学科教学指导专家，定期到校听课、评课，并指导青年教师，让其不断进步。

二、建立教师流动机制，实现专业共享

建立人才交流制度，使两校办学思想实现碰撞与交融，在共享和互补中达到双赢的目的。自2012年被确定为城乡一体建设项目校以来，我校不间断地与北京市第二中学在提升教师素质、提高课堂教学效率等方面进行了深度合作，开展了干部培训、教师交流与培训、业务（管理、德育、科研、教学）交流等活动。我校选派干部前往北京市第二中学挂职锻炼，挂职期间全方位参与北京市第二中学的教育教学、行

政管理等活动，学习借鉴其先进管理模式。在教育教学方面，学校开展了拜学名师活动。2013年，我校选拔21名优秀青年教师拜学北京市第二中学的市区骨干教师，学习名师丰富的教学经验和高超的教学技能，促使优秀的青年教师快速成长为学校的中流砥柱。2014年10月，北京市第二中学2名教师到我校高中部任教，实现了教师流动，学校在实现跨越式发展的同时，也对亦庄地区乃至大兴区的教育产生了积极的影响。

三、搭建共享平台，实现校际互动

学校的办学成果体现在所培养的学生身上，学校所教育培养的学生质量即是学校的品牌，学校的办学品牌通过学生的质量来体现。作为发挥基础教育职能的十二年一贯制学校，我校以幸福教育为中心，设立了国家、地方、校本三级课程体系，提升学生综合能力，确保学生走出校园时具有一定的优秀品质，而这种品质将会让学生未来发展有选择，一生幸福有准备。

（一）两校信息资源共享。依托北京市第二中学资源优势，我校学生可以免费浏览、学习北京市第二中学本部的网络数字课程，实现两所学校资源共享。

（二）我校组织学生去北京市第二中学本部"留学"。2014年11月，我校高一师生走入北京市第二中学通用技术和机器人课堂，零距离感受了名校课堂和名师风采，在为高一年级通用技术会考做准备的同时，也促进了我校通用技术课程的快速发展。

城乡一体化学校建设不是城乡教育一样化，也不是城乡教育同步化、齐步走，而是根据城乡各自的特点与优势，优化教育过程，合理配置教育资源，发展特色教育，打造教育品牌，提高办学效益，实现双方共赢。

城乡一体化学校建设的最终目的是促进资源输入，提升干部、教师的专业素质，深化教育教学改革，提高教育教学质量，促进城乡教育均衡发展。在这一建设过程中，我们通过借鉴、吸收北京市第二中学已有的先进经验，不断拓宽思路，转变思维方式，从而转变教学方式，提升软实力，提升教师队伍的整体水平，有序开展学校特色建设工作，提升教育品质。

第二节　借力高等院校项目，抓住学校发展拐点

北京市大兴区长子营学校作为一所乡镇学校，曾在周边学校中生源最多，教学质量最好，体育特色遥遥领先，辉煌一时，后来发展速度一度减慢。近几年，随着北京市教育综合改革逐步推进，课程设置修订方案、学科教学改进意见、中高考方案连续出台，一连串的改革直接冲击着学校的教学和管理。改革是挑战，更是机遇，在改革面前，所有学校都站在同一条起跑线上，学校正在汇聚力量，积极行动，以改革、创新来回应时代需求，寻求新的崛起。

恰逢其时，北京教育学院提出"把培训课堂建到学校，让教师研修真正发生"，由此，"协同创新学校计划"落户我校，这犹如久旱初遇甘霖，给学校的腾飞注入了强有力的动力源，有效推动了学校发展。本节结合学校与北京教育学院"协同创新学校计划"项目组的实际情况，着重介绍一所乡镇学校如何借力高等院校优质资源，激活内生力，从而实现大发展。

一、借力项目组，开展学习培训

（一）对症下药，解决教学难题

只有贴近学校的实际需求和给人实际获得感的培训，才能真正激起教师"真学习"的热情和"愿创新"的勇气，从而推动学校发展。

"课程建设与管理"项目指导定位精准。随着北京市教育改革的推进，以核心素养为目标的学校课程建构就成了课程改革的关键点。课程实施的主导者是教师，教师"教"与学生"学"的行为方式决定了课程改革的成败，因此，抓住学校课程和教学行为方式，就抓住了教育改革的"牛鼻子"，中高考改革和育人质量提高就水到渠成了。

（二）直达心灵，"想改变，想创新"

学校主要从三个方面实施学习培训：

一是在学校层面，进一步梳理生命教育理念下的课程体系建设，优化课程结构。

二是在学校课程管理机构上变革，以教研组改进、课堂教学改进为抓手，开展课堂效率提升工程，制订以班级小组合作为依托的学生自主管理评价方案。

三是从教师层面，以点带面，首先提升项目组成员课程建设及管理能力，逐步以教研组、备课组的成果分享交流会等活动形式带动其他教师。

（三）一起发力，实现效益最大化

协同培训必须双方一起用力，朝一个方向用力，这样才会实现成效最大化。项目组和学校多次沟通，明确了项目研究方向、学校发展方向及重点工作。关注学员的"学"，比如学员学习的迁移力和执行力；关注学员在教育教学实践中的运用效果，并将这项内容纳入学校及教研组工作中。例如主题为"以艺术拥抱课堂"的研讨，三位老师参加了项目组的培训后，学校鼓励教师迅速将培训所得运用到课堂教学中；项目组专家再次培训指导，在专家的引领下，在亲历的研究课现场，激发了其他成员的兴趣，在教研组内和校内形成了浓厚的改革创新的氛围，项目组专家和学校做到了真正的协同。

二、抓住机遇，激活内生力

对于学员而言，改变需要从"我"做起，将学、做、用、评一体化，积极转变自身思维，为农村学校、普通学校的学生提供更好的教育。对于学校而言，就是充分挖掘项目组的优势资源，借力打力，以点带面，促进学校不断发展。

（一）"教"与"学"行为方式的转变

一所学校的教育质量是由它的教师队伍决定的，在教育变革中，教师是第一生产力，教师的"教"和学生的"学"决定了教学效果和育人质量。

如果观念不更新，行为不可能真正转变，于是，学校从更新观念入手，通过给教师搭平台、竖梯子、铺道路等方式转变教师的教学观念，提高教师的专业水平和素养。学校陆续送教师前往吉林长春、陕西西安、江苏南通、广东珠海、江苏苏州、浙江绍兴、浙江杭州、浙江台州等地培训，培训范围之广，人数之多，力度之大，史无前例。同时，学校开展头脑风暴式的培训与交流，各种各样的专题研究、课例探讨、课堂教学研究等，充分激活教师的思维，调动起教师改革创新的积极性。

通过培训学习，教师对以下认识达成共识：首先是对"课程"的认识达成一致。课程不只是文本课程，更是体验课程，课程是师生共同探求新知的过程，课堂教学不再是知识与技能的单向传授，而是师生共同与教材的"会话"，师生之间、生生之间的"会话"。其次是对教学的认识达成共识。教学不再是教学生学，而是师生的交往过程。对学生而言，交往意味着主体的凸显，心灵的开放，个性的张扬，潜能的释放。

学生之所以愿意到学校来，一定是他在学校里有存在感，在课堂上有获得感。在课堂教学中，要使学生有存在感、参与感和获得感，就必须转变教与学的行为方式。

变革学生的学习方式，关键在于引导学生从单一、被动接受的学习方式向多样、主动探究的学习方式转变。

（二）项目驱动，引领教学改进

学校重新调整项目组成员，充分发挥项目组核心成员的引领带动作用，分别在年级组、教研组和备课组工作中把握改革方向，领导教学改革脉络，在改革进程中起到引领示范作用。

（三）面对北京市教育改革的应对策略

北京市教育改革政策一落地，各学校立即行动起来，着手变革。要变革，首先要明确这次改革"改"的是什么。这次改革主要"改"在三个方面：一是深化中高考科目和分值的改革，二是建立高中学业水平考试制度，三是完善学生综合素质评价制度。

为了主动应对中考变革，必须立足高考看中考改革，以头脑风暴的形式引导全体教师从以下几个方面着力：

1. 积极引导学生在初一阶段对自己的发展潜力、职业倾向进行思考和分析，让学生在中考选科考试时做出自己的选择。

2. 中考科目的可选择性带来了学生的动态性，学校要合理配置各种教育资源，充分保障办学条件。

3. 中国中学生核心素养提出后，学校的育人目标、课程架构等需要不断调整，同时要重新梳理和建立学校新的校本课程体系，使之更加吻合于改革方向和学生需求，并形成新的学校课程特色。

4. 初中历史、地理、政治、生物进入中考，任课教师要迅速转变教学方向和策略，重新布局，完善三年课程的整体设计。

传统的整班教学和统一考试把不同的学生纳入一个共同的模式里，学校必须和学生、家长、老师一起设计一条适合学生志趣、特长、潜能的个性化成长路线，让每个学生成长为更好的自己。

第三节　在变革中求发展，在创新中求超越

北京市第八中学亦庄分校成立于2011年9月，是在大兴区"优先发展，提高质量，优质均衡，改革创新"的教育发展思路下创办，由北京市第八中学承办的一所九年一贯制学校。北京市第八中学亦庄分校遵循"着眼于未来，着力于素质"的指导思想，秉承"勤奋、进取、和谐、致美"的校训，以"志向高远，素质全面，基础扎实，特长明显"为育人目标组织变革，重构学校文化，着眼内涵发展，不断提升学校的核心发展力。本节主要叙述北京市第八中学亦庄分校在变革中

求发展、在创新中求超越的实施途径。

一、学校现状分析与发展思路

北京市第八中学亦庄分校的教师平均年龄为36岁，呈现出高学历、年轻化、专业化程度较高的特点，但整体缺乏凝聚力和向心力，教师对学校、对干部的满意度较低；干群积怨颇深，日常冲突不断，甚至公开化；家长对学校期待高、满意度低，矛盾纠纷不断。

针对以上问题，2020年北京市第八中学亦庄分校大力推进了"三大工程"：一是以"凝心聚力工程"为抓手，狠抓教师队伍建设，以文化引领，凝聚力量，共谋发展；二是以"转作风强能力工程"为抓手，狠抓干部队伍建设，通过完善校内干部选拔、培养、管理机制，从根本上改变和提升学校管理水平；三是以"变革创新工程"为抓手，狠抓学校管理变革，以管理机制为保障，"牵一发而动全身"，不断创新，寻求学校生长点，促进育人质量提升。

二、以"凝心聚力工程"为抓手，狠抓教师队伍建设

组织有凝聚力，队伍才有战斗力，对于一所学校来说，全体干部和教师应该心往一处想，劲儿往一处使，这是育人质量提升的关键。

（一）用真诚与真心构建起"我们感"

任何花哨的语言都不如用行动去诠释，任何关心与关切都不如用脚步去丈量，北京市第八中学亦庄分校真正走心的管理在日常，在细节，如主动问候，建立情感链接；一对一谈心，全面深入，摸清情况；手写教师节专属贺卡，以心换心，以诚待诚，建立起情感的纽带；"我

与学校共成长"系列教师沙龙,分专题在面对面的交流研讨、思维碰撞中深度理解,逐步构建起能凝聚共识的"我们感"。

(二)提取学校核心价值观,取得价值认同

北京市第八中学亦庄分校的核心价值观是全体师生的精神追求和行为准则,它的提取离不开学校的历史文化传统,包括北京市第八中学和亦庄一小三羊校区的文化基因。因此,学校采取自上而下与自下而上相结合的方式分组研讨,最后各年级组各处室在全校范围内展开大讨论,初步达成共识:(1)以学生为中心,以教师为根本;(2)尊重差异,挖掘生长点;(3)搭建平台,为成长持续赋能。

(三)注重教师发展,搭建教师成长平台

1. 多渠道、多途径铺设职业上升通道。学校专设教师发展中心,与老师们一起进行职业规划,指导教师人人定目标,人人定发展规划,深入了解每位教师的特点和需求,帮助教师规划成长方向。

2. 搭建教师学术展示平台,对教师在学术引领、专业服务方面的要求公开化、平台化,并形成机制。通过"共读、共研、共成长"的读书分享、深度研讨等活动,教师在平台上展示自己的教育思想和教育智慧。

3. 多元评价,多渠道、多角度树立和宣传有闪光点的教师,形成常态机制。创设"没有后排"的专业成长环境,记录每一位老师的"高光时刻"。

4. 坚持"走出去"和"请进来"相结合的研修机制,形成校内教研团队常态化研究,聘请专家定期进校指导,并积极推送优秀教师参加各级各类外出培训。

（四）创建和谐的教师文化

教师的幸福感很大程度上来自公平公正的待遇和直接领导的工作艺术。创建和谐的教师文化，主要从以下几方面入手：一是建立公平公正的荣誉奖励机制；二是打造积极向上的教师文化，通过构建"三种关系"，即合作分享的工作关系、包容和谐的人际关系和平等尊重的师生关系，建设有情有义相处、有声有色工作、有滋有味生活的人文环境；三是不断改善办公环境，提升教师的幸福指数；四是搭建教师成长平台，促进教师专业成长。

三、以"转作风强能力工程"为抓手，狠抓干部队伍建设

（一）完善校内干部选聘任用及评价机制

北京市第八中学亦庄分校现任的教委备案中层干部较少，需要校内干部补充岗位，因此，学校明确了校内干部人岗相适、能上能下的聘用机制。

北京市第八中学亦庄分校规范了干部述职和民主测评。每学期两次干部述职，旨在梳理、提炼、反思、借鉴、学习、交流，一方面督促干部们在梳理中提炼，在反思中借鉴，在交流中学习提升；另一方面也促进干部、教师相互理解，并达到民主监督的作用。每学期末进行民主测评，随后根据测评结果与干部进行深入谈心交流，帮助干部进一步反思、总结与改进。在谈心过程中，坚持"三讲三不讲"的自我批判原则，即讲自己不讲别人，讲主观不讲客观，讲问题不讲成绩。

（二）转变管理理念，转变干部作风

学校根据现有干部的实际情况，树立起"管理即服务"的管理理念，管理就是为学生服务，为教师服务，为教学一线服务，要做到真诚服务、主动服务、服务到位。

牢固树立求真务实、开拓创新的干部作风，并进一步解读为"三实""三干""三敢"，即说实话、办实事、求实效，想干事、能干事、干成事，敢想、敢干、敢拼。

（三）加大培训力度，提升干部专业水平及管理水平

学校的干部培训坚持问题导向，针对学校管理中存在的真问题，教师反映集中的矛盾点，不回避，有针对性地逐一解决。涉及本部门的问题，由部门主管牵头解决；涉及跨部门的问题，学校整体优化，并形成流程、机制固化下来；涉及干部作风的问题，自省式反思，校长书记逐一谈心，帮助其寻求解决方案。

北京市第八中学亦庄分校干部培训的内容涵盖了业务能力与基本素养，形式上是校内校外相结合。学校还扩大了培训干部范围，将最基层、离教师最近的干部也纳入培训范围。学校工作中，教师的幸福感很大程度上来自最直接管理者的领导风格，因此，学校干部培训范围扩大到年级主任、教研组长和备课组长。同时，学校把倾听、沟通、认可、表扬、尊重、信任六大领导风格从高层到基层贯彻到底。

四、以"变革创新工程"为抓手，狠抓学校管理变革

（一）学校组织机构变革，调整干部岗位

北京市第八中学亦庄分校在组织机构变革和干部岗位调整方面大

胆革新，稳步推进。在部门设置上本着"尊重规律，物尽其用"原则，采取全校统筹与分学段管理并存的方法，重新设置了九大部门，行政后勤全校统筹，德育教学在同一育人目标下分学段管理。在干部岗位调整上本着"以人为本，人尽其才"原则，初步达到了"人人有具体的事做，事事有专业的人去做"这一目标。

北京市第八中学亦庄分校通盘考虑部门设置和干部岗位调整，引领干部一起认知自我，根据岗位职责双选双向聘任最适合的岗位，进一步优化了干部队伍，重新构建上下级关系，明确岗位角色和定位。

（二）修订完善管理制度，用制度保障教职工权益

北京市第八中学亦庄分校保障教职工得到合理回报，得到公正待遇和评价，绩效工资、教师评价、奖励机制、职称评审等方面向教学一线倾斜，向一线中课程研发及先行先试的重点岗位倾斜。

（三）完善民主管理和民主监督，营造充满活力的组织氛围

北京市第八中学亦庄分校严格按照组织程序完善教代会的改选工作。学校采取线上线下相结合的形式顺利召开了四次教代会，共同商讨表决了六个决议。

学校先后制订完善并全票通过了绩效工资改革方案、年度绩效考核方案、中考奖励方案、职称评审量化细则等，开创了公平公正、有序竞争的良好局面。

创新项目小组工作形式，由利益相关方直接参与规则制订。学校先后成立了绩效工资工作小组、职评量化细则工作小组等，教师直接参与规则制订，参与工资测算和职评量化分测算。

信任不等于不监督，监督不等于不信任。学校在工作流程中从根

本上解决教师的不信任问题，同时保障教师民主监督的权利。例如绩效工资方案拟订工作结束后，小组成员成为此项工作实施过程中的监督员，随时可以申请查看相关部门是否严格执行方案。

第四节　以系统性变革引领学校创新发展

学校在发展过程中可能会出现一些不尽如人意的现象，面对这些错综复杂的情形，如何找准问题？如何找到问题产生的原因？这是走向下一步的关键所在。学校循着因果链条，顺藤摸瓜，借助5WHY问题分析法这一思维工具，寻求引起问题的根本原因，进而通过系统性变革"三步走"，致力于推进治理体系和治理能力现代化，实现创新发展。

一、找对问题：问题在哪里

找对问题是开展工作的关键，那么问题到底在哪里？按照教育本来的规律，学校发展应该达到的状态，也就是理想中的目标状态，和如今的现实状态之间有了一定的差距，为什么会有这样的差距？差距背后的影响因素到底是什么？这些影响因素恰恰就是问题所在，寻找问题的关键就在于挖掘现象背后的影响因素。

二、分析问题：5WHY问题分析法

借用问题冰山模型，浮在水平面以上的是问题表象，需要做的就是紧急处理，以防事态恶化。在水平面以下的才是问题的原因，原因有近因，还有根因，近因往往比较容易找到，但解决了近因也只是治标，还要不断追问"WHY"，在不断追问的过程中，不断采取措施，在制度层面、体制机制层面建构防错设计，这就是一步步递进式的解决方案。要从根本上永久性地解决问题，就要找出根因，拿出治本的对策。

例如对于干部测评满意度极低这一表面现象，追问为什么会出现这种现象，追问结果是干群矛盾已经到不可调和的地步了。为什么干群矛盾会达到不可调和的地步呢？是管理理念和干部的工作作风有问题。为什么管理理念和干部的工作作风出现了问题？是学校文化的缺失，管理体制机制出现了严重问题。要从根本上解决干部测评满意度极低这一问题，就必须建设学校文化，推进治理体系和治理能力现代化，进行系统性变革。

三、解决问题：系统性变革"三步走"

（一）更新管理理念

牢固树立"管理即服务"的理念，第一要明确为谁服务。管理通过为教师服务，最终达到为学生服务的目的。第二要明确谁是中心。学校以学生为中心，管理以教师为中心，学校工作以教育教学为中心。第三要明确管理要走向何方。管理的最高境界和最终归宿是服务，而不是管理本身。第四要明确管理的最终目的是什么。管理的最终目的就是要尽可能地把时间还给教师，把教师还给学生。

（二）转变干部作风

学校倡导的干部作风是"求真务实、开拓创新"，干部工作准则是"一真、二实、三干、三敢"。"一真"就是求真，就是探求事物的根本规律，不迷失初心，保持定力；"二实"就是办实事、求实效，这是最朴实的干部做事模式;"三干"就是想干事、能干事、干成事,这里既有主观态度,也有专业素养、工作能力的要求,更是干部基本素养的体现;"三敢"就是敢想、敢干、敢拼,这是指向创新的,如果说敢想是思想上的突破,敢干就是从思想走向行动,这是关键的一步,而敢拼则是咬定青山不放松的耐力、专注力和持久力,是最宝贵的精神品质。

(三)推进治理现代化

1. 治理体系走向现代化,把合适的人放在合适的位置上

治理体系现代化主要体现在治理主体多元化、治理过程民主化和合作对话的方式。多元化的治理主体,要求学校处理好与教师、学生、政府、社区和家庭的关系,充分发挥它们对教学与管理等行为的引导作用。在学校内部,要构建由党组织、校委会、学代会、教代会、学术委员会和家委会构成的最高决策层,形成民主共治的良好格局,以合作对话的方式在科学决策和民主管理方面着力,保障民主的实施。

本着"让听见炮声的人去指挥战斗"的思想,切实推行扁平化管理的年级主任负责制和项目负责制。学校全力保障"把钱花在离学生最近的地方",让直接受益人进入决策层,涉及学生切身利益的事情,如学校大型活动、学生社会实践、学校体育娱乐活动设施、学生校服等都由学代会讨论,将决定权还给学生自己。

2. 治理能力走向现代化,保障合适的人干好合适的事

对于一所学校来说,治理能力走向现代化的关键是提升四种能力。

一是依法治教的能力。首先是校长和教师要有依法治校的思维方式,心中有法。其次是校长和教师要有依法做事的行为。校长依法办学,教师依法治教,一切有法可依。

二是科学决策的能力。科学决策首先要求决策层的构成必须是多元的，这才有听到多种声音的可能。其次要建立评估机制，在决策前通过技术手段进行效果评估和风险评估。最后是完善责任倒查制，以防止决策的盲目性，减少风险。

三是民主管理的能力。民主管理的核心在于公众的参与，尤其是发挥家长委员会和社区等周边力量的作用。学校成立了由家长代表组成的膳食委员会，膳食委员会不定期检查食堂工作，对食材的进货渠道、加工过程和学生就餐时的服务过程实施360度无死角监督，真正做到阳光餐饮，让家长放心。每天上下学高峰期校门口的交通是每个学校的痛点，学校充分利用党员志愿者、护校队、家长志愿者、社区志愿者、交通大队和公安系统的力量，综合治理，近2000名学生进出的校门口井然有序。

四是公开化治理的能力。让权力在阳光下运行，这就是最好的"防腐剂"，学校对人事、财务和重大事项实行依法公开的程序，自觉接受老师们的监督。对于老师们比较敏感的工资和福利等问题，实行工作小组负责制，工作小组由教代会选举产生，既负责教师需求信息的收集整理，也负责具体实施，最后负责账目公开，随时回应老师的问询。

管理的起点是人，管理的终点还是人，所有系统性变革的关键仍然是以人为核心，治理体系和治理能力的现代化都要基于人的需要，基于人的成长，入脑入心，真正走进老师的心里，得到老师的认可，这才是引领学校创新发展的关键所在。

第五节　以治理体系现代化推进学校高质量发展

随着国家治理体系和治理能力现代化的深入推进，时代对基础教育的高质量发展提出了新要求，亟须通过治理体系现代化推进学校高质量发展。在此背景下，国家教育行政学院附属实验学校在实践中探索出一条"更新理念—优化结构—健全机制"的治理体系变革路径。学校以更新理念为起点，以优化结构为立足点，以健全六大机制为重点，即科学决策机制、教师专业审议机制、民主共商机制、学生参与学校治理机制、家校社政一体化综合育人机制和开放互动的民主监督机制，使治理体系与治理能力现代化落到实处，取得实效。下面以国家教育行政学院附属实验学校为例，介绍管理变革的实施路径。

一、学校管理变革动因分析

（一）外部动因

1. 党和国家对新时代教育发展的新要求，需要推进学校治理现代化

推进学校治理体系现代化是落实党的十九届四中全会决策部署的需要。党和国家对新时代教育发展提出了新要求，即落实立德树人的根本任务，推进教育公平，提高教育质量，办好人民满意的教育等，这对学校内部管理提出了更高的要求，必须进一步推进学校治理体系现代化。

2. 人民群众对教育的新期盼，给学校治理方式带来冲击

基础教育是增强人民群众获得感和幸福感的重大民生工程，涉及千家万户，事关少年儿童健康成长，事关每个家庭的和谐幸福，目前我国人民群众对教育的期盼已从"有学上"过渡到"上好学"，人民群众对教育的诉求越来越个性化，学校管理亟待变革。

3. 大数据时代的到来为管理变革提供了技术保障

随着科学的发展，信息技术日新月异，大数据与人工智能技术兴起，新的教育治理信息和各级各类教育数据形成大数据，为深化教育改革提供了分析依据与技术支持，基于大数据的各种测试评估为学校治理提供科学化、精准化与高效化的分析诊断，大数据时代改变着人们的生活方式和思维方式，也推动着学校管理的变革。

（二）内部动因

1. 学校发展进入新时期，需要与之匹配的管理方式

国家教育行政学院附属实验学校创办于2015年，是国家教育行政学院和北京市大兴区联合创办的一所九年一贯制学校，现有48个教学班，师生2000余人。学校坚持"让每个生命彰显价值"的办学理念，致力于培养新时代中华好少年。

建校以来，教师专业成长很快，学校发展态势良好。当前，在大兴区新国门发展格局的大好形势下，在国家教育行政学院的智力与技术支持下，学校迎来发展的黄金期，迫切需要加快管理转型，建设一所有价值、有影响力的学校。

2. 学校管理出现危机，亟须进行管理变革

前几年，学校管理方式以单一主体自上而下的"监督、控制"为主，教师在与个人利益直接相关的招聘解聘、薪酬编制等方面拥有的权力较小。学校越来越难以调动师生、家长的积极性，难以把各种资源有机地统筹起来使用，甚至内部管理出现一些干群矛盾、家校矛盾和师生矛盾。为了解决现实问题，需要开通师生参与学校治理、家校合作治理的渠道，切实提升多元主体参与学校治理的能力。

3. 学校新的治理理念和方式为变革提供了支撑

学校新的治理理念立足于人的"激励、赋能"，从"传统的自上而

下的官僚式管理"转向"多元主体参与的民主化管理",管理方式以多元共治、科学决策、民主参与、民主监督为主,管理过程是在共同愿景的基础上,多元主体积极参与并为之贡献智慧与努力,主张建立依法办学、自主管理、民主监督、社会参与的现代学校制度,这为治理体系现代化提供了重要保障。

二、学校管理变革实践举措

(一)以人为中心的变革措施——更新治理理念

1.让教育回归"以人为本"的育人初心

学校要以育人为本,落实立德树人根本任务,确立这一教育价值是学校治理的前提。建校以来,历任校长引领广大教师不断思考"培养什么人""怎样培养人"等重大命题,发出"灵魂四问":一问每个生命存在的意义,二问未来需要什么样的人,三问教育的本质,四问学校的教育追求。"灵魂四问"实际上是让教育回到"人之为人"的根本上来。学校坚定"让每个生命彰显价值"的办学理念,横向上从既要五育融合、全面发展,又要尊重差异、激发潜能的维度,着眼育"一个完整的人";纵向上从既要放眼未来、坚定目标,又要立足当下、关注生命的维度,着眼育"一个人完整的一生"。这体现了学校对教育育人的重视,关注生命个体、助力全面发展是学校探索的永恒话题。

2.让治理回归"激励、赋能"的核心功能

在学校变革中,校长要视每个人都为变革的动力,而干部、教师和学生是学校内部治理最大的可变量。治理的核心功能就在于激活人,把人的因素放到中心位置,让校园里的每个人都成为领导者,让"激

励、赋能"成为管理变革的助推器，激活学校发展内生力。

（1）构建"选用管评"全链条式干部成长体系

干部队伍是学校变革的中坚力量，对干部的激励和赋能是管理变革最重要的一环。

学校在干部的选、用、管、评环节，把"激励人、成就人"放在首要位置，从"人"的关键因素上不断持续发力。一是选人机制，"用其所长"，通过双向聘任，干部能上能下，通过自我审视，选择在适合的喜欢的岗位工作，激发做事热情。二是用人机制，采取"分权授权"的方式，在决策时依法依规分权，在执行时依岗依责授权，高效率高质量完成工作。三是管理机制，采取"严管厚爱"的方式，通过激励机制、容错纠错机制、培养帮扶机制和责任倒查机制进行干部管理。四是评价机制，通过定期干部述职、民主测评和一对一诊断指导等措施，激励干部俯下身子真干事、干实事。

（2）落实"唤醒+激活"的教师成长机制

教师是推进学校变革的关键力量，教师的内生力能否被唤醒、被激活，是管理变革成败的重要影响因素。

学校通过师德驱动、顶层设计、研修赋能和文化引领"四步走"，全面落实"唤醒+激活"的教师成长机制。一是师德驱动，将"以爱育爱"作为师德建设的关键驱动点，多渠道、多途径唤醒"师爱"，将爱心传递给学生。二是顶层设计，建构教师专业成长"五阶梯"图谱，指导教师做好职业成长规划。三是研修赋能，构建"一训两研三反思"校本研修模式，培育和提升教师的专业精神和奉献精神，激发教师的荣誉感，从"要我做"变为"我要做"。四是文化引领，通过构建"仁爱至善"的教师文化，形成正向积极的工作氛围，不断唤醒教师的主人翁意识，激活其主动性、创造性和积极性，使其持续发力，持续赋能提升。

（3）以"唤醒＋激励"作为学生成长行动指南

学生既是学校变革成果的直接受益者，又是变革的助推器，充分发挥学生自我教育的主体地位，是学校管理变革中最难打通的"最后一公里"。学校站在学生的立场审视教育教学全过程，以"唤醒＋激励"作为学生成长行动指南。

每周班级评选"日新之星"，每月年级评选"日新之星"，每学期学校评选"日新之星"，通过榜样进行激励，帮助每个学生更好地发现自己，让其成为更好的自己，促进学生主动健康发展。

（二）以组织结构为中心的变革措施——优化治理结构

1. 重构"多元共治"的治理结构

只有让更多的人参与学校决策，才能保证决策更贴近实际，更科学有效。学校提供更多机会，吸引各方力量参与学校教育教学工作，充分体现民主共治，真正激发学校活力。学校决策层由党总支、校务委员会、教职工代表大会、学术委员会、学生代表大会和家长委员会六大治理主体构成。

2. 创建全新的扁平化管理结构

学校不断优化内部治理结构，从传统的科层制管理走向扁平化管理，建立了以年级学部为中心、教研组为主体、中层处室为保障的扁平化、网格式、分布式的现代学校管理制度。

各处室从原来的"中间管理层"分流到研发部门和支持部门，管理职能转变为服务职能，并接受年级教师的评价。只有关键岗位干部和年级主任作为中间管理者，直接指挥教育教学一线，才能最大限度地让离学生最近的年级组和教研组站在管理的正中央。年级主任从原来上传下达的"传声筒"，转变为年级工作领导者、年级教育教学组织者和师生成长的引领者。教研组长从原来的事务性工作转变为专业性研究工作。赋权式扁平化管理使管理重心下移，有效提升了年级主任和教研组长统揽全局、创新变革的领导力。

（三）以技术为中心的变革措施——健全治理机制

1. 健全依法、科学、民主的决策机制

学校六大治理主体在依法治校的前提下，按照学校《章程》所规定的职能权责和议事规则履职。学校决策要公开公正，决策过程数据化、证据化和阳光化，决策时本着"专业的事儿由专业的人去做"和"利益相关方参与决策"的原则，让掌握一手信息的人直接参与，不断校正，以保证决策的实用与效能。

2. 建立以教师为主体的专业审议机制

在教育教学活动中，学校明确了教师专业意见的权威性优于行政建议的专业审议机制。学生的成长、教学的效益在很大程度上取决于班主任、学科教师和学生三方的合力，学校通过建立以教师为主体的专业审议机制，充分遵循教学规律、德育规律和学习规律，在专业自主权上相互协商，在学科教学、德育活动和学习活动上相互让步，争取学生成长整体利益最大化。

3. 健全对话式的民主共商机制

学校与教师建立了"自上而下"和"自下而上"的"上下互通互联"的对话式民主共商机制。在商议薪酬、福利等涉及老师切身利益的重大事项时，学校充分发挥统筹和指导作用，自上而下宏观管理，保障

教师的意见和建议通过全员摸底调研的方式向上传递。学校实行专项工作小组负责制，小组成员通过选举产生，负责收集整理教师的需求信息，负责拟订方案，负责测算薪酬与修改方案。在方案通过教代会表决后，仍由工作小组负责方案的监督实施，随时回应老师的问询。这一方式有效解决了教师们的质疑，有效提升了教师对学校的信任度。

4. 建立学生参与学校治理的机制

学校通过成立学生代表大会和少先队代表大会等学生自治组织，开辟学生参与学校事务的渠道。2021年，中学学生代表大会主题为"对校园文化建言"，征集提案69个；小学少先队代表大会主题为"给校长的一封信"，征集建议126条。部分提案和建议列入2022年工作任务，包括在中心花园安装秋千椅，增加体育器材，铺设足球场，在小溪岸边种植花草等。学校调动学生参与学校建设的积极性，充分激发学生的主人翁意识和以校为家的爱校热情。

5. 健全家校社政一体化的综合育人机制

《关于全面深化课程改革落实立德树人根本任务的意见》规定："完善各方参与的育人机制。地方各级教育行政部门要建立健全中小学教学指导专业组织，聘请有关专家学者共同参与教学研究与指导。创新管理机制，支持和鼓励学校聘用社会专业人士担任兼职教师或来校挂职。学校要建立健全中小学家长委员会制度，加强家长学校建设，推动家长转变教育观念，树立良好家风，提高家庭教育水平，形成家校育人合力。"

学校健全家长委员会制度，鼓励家长参与学校教育教学活动。建校之初，学校邀请有设计专长的家长与师生一起参与设计和挑选校服，共选出日常校服一套、礼服一套。通过各班家长推荐组建膳食委员会，吸纳任职于大兴区食品药品监督管理局的家长定期参与学校食堂督查，督查食堂的食品采买货源、渠道、存储管理，操作间的卫生及营养餐的营养搭配等，将家长的热情参与和努力变为学校变革的动力，充分发挥家长参与学校治理的正向作用，有效形成共育合力。

学校进一步挖掘社区和社会组织力量，辅助学校建设。学校充分利用社会的教育评价作用，促进学校建设与发展，进一步激发学校办学活力，实现教育质量的提升。市区级教育综合督导以及第三方专业评估机构，通过问卷、座谈等形式，从以下几个角度对学校进行评估：学生对校园生活的体验度，家长对学校的满意度，教师对学校的认同度，社会对区域教育的感知度和对教育共建的协作度。同时，学校积极开展自我评估，通过管理调查问卷、部门满意度测评和教师课堂教学诊断等自我诊断，促进自我提升。

6.健全开放互动的民主监督机制

在重大决策、重大事项上，学校鼓励教师动态参与、实时监督。学校建立了"决策前广泛调研—实施中直接参与并监督—决策后定期反馈"的全过程开放、动态参与、实时监督的民主监督机制。

工会会费、福利费的使用是最关乎教师切身利益的，学校成立专项工作小组，关于费用使用规则和实施，在依法依规的前提下，由专项工作小组采取座谈、问卷、个别交流等形式，广泛调研征求意见，并经教代会审定后向全校公开；实施过程中，工作小组成员动态参与并负责全过程监督；每年末，学校依法公开各项财务支出情况，让教师正常行使监督权力，让权力在阳光下运行。

三、学校管理变革成效与反思

（一）成效

1. 师生、家长和社会参与学校治理，形成良好的教育生态

师生由被管理者转变为学校治理主体，拥有权力的同时也被赋予了义务和责任，那么，如何在教育活动中发挥专业能力？如何在管理决策中实现利益诉求？由于少了外在的行政性、强制性规定，就不得不考虑专业决策能力和利益表达能力的高低，这对学校治理的成效有直接影响。

家长和社会由旁观者、审视者转变为学校治理主体，家长积极参与学校教育活动，社会科学使用监督评价功能，共同推进学校建设。学生对校园生活呈现出关心与热爱，家长、社会对学校的正向评价、正向激励越来越多，形成了良好的教育生态。

2. 学生成长、教师成长和学校发展

学校实施管理变革以来，师生的主人翁意识大大提高，年级负责制、项目负责制的实施，通过分权赋能，教师整体活力被激发，专业发展激情被点燃；学生的意见和建议得到尊重，合理化建议被采纳，自主性、创造性大大提升；学校教学质量大幅提高，综合育人能力大大提升。

据不完全统计，2021年，学生获得国家级奖项16项，市级奖项8项，区级奖项433项；教师获得国家级奖项11项，市级奖项49项，区级奖项277项；学校获得国家级奖项2项，市级奖项4项，区级奖项22项。

（二）反思

1. 进一步落实学校办学自主权

政府、学校和社会要进一步明确并恪守法定职责，完善政府宏观管理，完善社会公开监督，重点是要保障学校办学自主权，尤其是"三个自主权"，即保证教育教学自主权、扩大人事工作自主权、落实经费使用自主权，这既需要国家层面统筹解决，也需要学校领导的定力和坚守。

2. 进一步增强学校内生动力

学校内部要着力解决动力缺乏的问题，重点是做好以下三点：强化评价导向作用、强化校内激励作用和强化学校文化引领作用。在管理变革中，要进一步细化学校评价机制、激励机制和文化引领，这也是学校管理变革深入推进的关键所在。

第六节　教育现代化视域下学校治理效能提升

党的十八届三中全会通过的《中共中央关于全面深化改革若干重大问题的决定》指出：全面深化改革的总目标是"完善和发展中国特色社会主义制度，推进国家治理体系和治理能力现代化"。在这一背景下，教育现代化已成为教育领域共同关注的研究热点与重要议题，在教育现代化视域下，如何建设高质量教育体系已进入全面攻坚阶段。

下面以国家教育行政学院附属实验学校为例，阐述在教育现代化视域下，通过更新以人为本的育人理念、重构多元共治的学校内部治理体系、优化"激励、赋能"的三级治理机制，将治理效能导向学生成长，最终在教学实践上落地，不断提升育人质量。

一、更新育人理念：回归以人为本的育人初心

（一）让教育回归育人初心

党的十八大以来，习近平总书记围绕培养社会主义建设者和接班人做出一系列重要论述，深刻回答了培养什么人、怎样培养人、为谁培养人这一根本性问题。学校自建校以来，历任校长引领广大教师不断思考培养什么人、怎样培养人的重大命题，发出"灵魂四问"：一问每个生命存在的意义是什么——每个生命在成长过程中既要完善自我，找到存在的意义，活出自己的精彩，也要造福社会，实现社会价值；二问未来社会需要什么样的人——未来社会需要有价值并且能创造价值的人；三问教育的本质是什么——教育的本质就是帮助每个生命个体激发潜能；四问学校的教育追求是什么——学校教育就是通过不断唤醒生命、激活生命，以彰显生命的价值。

"灵魂四问"实际上是让教育回到"人之为人"的根本上来。

（二）坚定教育追求

教育追求即学校教育的总目标，学校发展和变革的方向标。学校坚定"让每个生命彰显价值"的教育追求，着眼于育"一个完整的人"和育"一个人完整的一生"，体现了学校对教育育人的重视，关注个体差异、助力全面发展是学校探索的永恒话题。

1. 着眼于育"一个完整的人"

"一个完整的人"要从两个维度来看，一是基于健全人格，促进德

智体美劳全面发展，让个体生命的潜能得到自由、充分、全面、和谐、持续发展；二是基于对每个生命个体差异的尊重，教师要用放大镜帮助孩子寻找闪光点，发掘潜能，既要鼓励孩子发扬闪光点，又要搭建平台去激发孩子的潜能，让其成为更好的自己，助力每个人不一样的精彩人生。

2. 着眼于育"一个人完整的一生"

教育既要放眼孩子的未来，也要立足孩子学习生活的当下。放眼未来指的是，培养人要在"让每个生命彰显价值"理念指引下，坚定"培养新时代中华好少年"的育人目标。立足当下指的是，在教育过程中要关注"此时此刻此情此景"，"这一个人"的生命、人格和价值生成。每一时刻的生命都是不可复制不可重现的，所以每一个教育瞬间都值得被温柔对待，教育应时时处处都体现出对生命的观照。

二、重构治理体系：形成多元共治的体系特点

（一）构建多元共治的学校内部治理结构

1. 六大治理主体构成学校决策层

学校的决策层由学校党总支、校务委员会、教职工代表大会、学生代表大会、学术委员会和家长委员会这六大治理主体构成。学校党总支在学校起政治核心作用，保障学校办学方向，做出重大决策；校务委员会有效落实党总支决议，通过给校长提供多维度、多视角的信息，科学决策行政事项；教职工代表大会是教职工依法参与学校民主管理和民主监督的基本形式，审议学校重大改革和重大事项；学生代表大会在涉及学生切身利益的事项上，拥有部分参与权和决策权；学

术委员会评议、决策学术问题，指导建设教研平台与科研团队；家长委员会对学校教育教学等方面拥有知情权和建议权，在涉及学生切身利益的事项上拥有部分决策权。

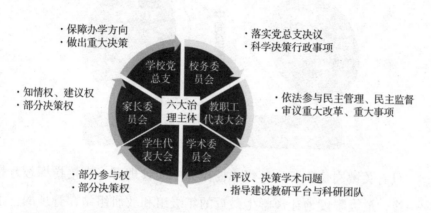

学校治理主体囊括了学校党总支、校领导、教师、学生、家长等利益相关方，在依法治校的前提下，形成了依法、科学、民主的决策机制。依法指的是治理主体依据国家法律法规，制订并严格遵守学校规章制度，履行学校《章程》所规定的各自权责和议事规则；科学指的是在决策中本着专业的事儿由专业的人去做和利益相关方参与决策原则，不断校正，以保证决策的实用与效能；民主指的是多方参与决策，让掌握一手信息的人直接参与决策，建立上下互通互联的共商机制。六大治理主体各司其职，各尽其责，按照各自议事规则共同治理学校事务，实现学校治理的最大效能。

2. 优化学校内部组织结构

几年来，随着学校规模及内外部环境的变化，学校不断优化内部治理结构，逐渐建立起减少了层级管理的扁平式的组织结构。各处室从原来的"中间层"分流到研发和支持部门等，管理职能转变为服务职能，接受年级教师的评价。

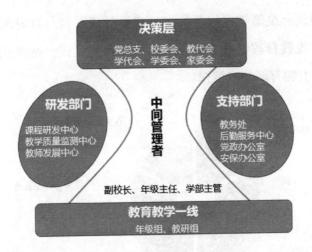

只有关键岗位干部和年级主任作为中间管理者，直接指挥教育教学一线，最大限度地让离学生最近的年级组和教研组站在管理的正中央。年级主任负责制让离学生最近的人参与决策，全面负责年级工作，各处室与年级主任的关系由原来的管理与被管理转向服务与被服务、支持与被支持，凸显了一线主体地位。

学校不断优化内部治理结构，从传统的科层制管理走向扁平化管理，建立了以年级学部为中心、教研组为主体、中层处室为保障的扁平化、网格式、分布式的现代学校管理制度。

（二）建立对话式的民主共商机制

学校建立了"自上而下＋自下而上"的上下互通互联的对话式共商机制。在进行薪酬、福利等涉及老师切身利益的重大事项时，学校充分发挥统筹和指导的作用，教师通过最基本最全面的信息摸底和群策群力式的工作小组负责制，充分沟通对话，达成共识，收到了良好的效果。

（三）建立开放动态的民主监督机制

学校治理走向现代化需要对外开放，向社会开放办学，厘清政府、学校和社会的职责定位。政府依法管理，形成政事分开、权责明确、统筹协调、规范有序的教育管理体制；学校依法办学，建立自主管理、民主监督、社会参与的现代学校制度；社会依法参与和监督，建立科学、规范、公正的教育评价制度。

通过引入多方评价，以评促改，进一步激发学校的办学活力，实现教育质量的提升。学校引入第三方专业评估机构和上级部门教育督导，通过问卷、座谈等形式，从以下角度对学生进行评估：学生对校园生活的体验度，家长对学校的满意度，教师对学校的认同度，社会对区域教育的感知度和对教育共建的协作度。同时，学校积极开展自我评估，通过学校管理调查问卷、干部民主测评和教师课堂教学诊断等，自我发现，自我诊断，促进自我提升。

学校治理走向现代化需要对内放开，重大决策和重大事项鼓励教师动态参与、实时监督。学校建立了"决策前广泛调研—实施中直接参与并监督—决策后定期反馈"的全过程开放、动态参与、实时监督的民主监督机制。工会会费、福利费的使用是最关乎教师切身利益的，学校成立专项工作组，关于费用使用规则和实施，在依法依规的前提下，由专项工作组采取座谈、问卷、个别交流等形式，广泛调研征求意见，并经教代会审定后向全校公开；实施过程中，专项工作组成员动态参与并负责全过程监督；每年末，学校依法公开各项财务支出情况，让教师正常行使监督权力，让权力在阳光下运行。

三、优化激励机制：赋予"激励、赋能"的内涵

学校更新了治理理念，变"监督、控制"为"激励、赋能"。激励、赋能的魅力在于把人的因素放到中心位置，成就人成为教育者的使命。

学校以激励、赋能为目标构建了"选用管评"全链条式干部成长体系，落实了"唤醒＋激活"的教师成长机制，以"悦纳＋激发"作为学生成长行动指南，通过层层激励、赋能干部、教师和学生，实现治理效能最终导向学生中心。

（一）构建"选用管评"全链条式干部成长体系

干部的激励、赋能是学校治理中最重要的一环。学校在选用干部时采取用其所长的选人机制，通过双向聘任，干部能上能下，鼓励干部选择在适合的喜欢的岗位工作，激发干事做事的热情；在干部的任用中采取分权授权的用人机制，在决策时依法依规分权，在执行时依岗依责授权；在干部管理上，采取严管厚爱的管理机制，通过激励机制、容错纠错机制、培养帮扶机制和责任倒查机制进行干部管理；在干部评价上，围绕实现自我价值，通过定期干部述职、定期干部民主测评和一对一诊断指导等措施，激励干部俯下身子真干事、干实事。在选、用、管、评四个环节，每个环节都把激励人、成就人放在首要位置，从"人"的关键因素上不断持续发力。

（二）落实"唤醒＋激活"的教师成长机制

学生的成长质量和教学的效益在很大程度上取决于一支有理想信念、有道德情操、有扎实学识、有仁爱之心的教师队伍，几年来，学校致力于打造一支幸福着且能传递幸福、有价值且能创造价值的师德高尚的教师队伍。

1. 以爱育爱，找准师德建设的关键驱动点

一个人首先要感受到被爱，才能更有爱心。当老师珍惜各自的行业、岗位、事业时，能感受到成就感、自豪感时，往往才会有爱心。

学校进行师德建设的起点是以爱育爱，通过创造各种条件不断提升教师的幸福指数，最终将爱心传递给学生。

2. 构建"三大关系"，营造"仁爱至善"的教师文化

学校着力构建合作分享的工作关系、包容和谐的人际关系和平等尊重的师生关系，营造"仁爱至善"的教师文化，创设有情有义相处、有声有色工作、有滋有味生活的文化氛围。学校创设了正向积极的工作环境，去唤醒教师的主人翁意识，调动其潜能和主观能动性。

3. 指导职业规划，建构教师成长"五阶梯"

借鉴德雷福斯模型职业成长的五个阶段，学校指导新入职教师做好职业成长规划，建构了教师专业成长"五阶梯"图谱。

4. 多维度搭建平台，促进教师专业成长

学校立足校本研修向内生长，同时依托国家教育行政学院和北京教育学院高端资源向外借力；为师生成长积极搭台，以展示促提升；引领教师依托个人成长自评和课堂观察进行自我诊断，以评促改，不断唤醒、激活、赋能和提升。

（三）以"唤醒＋激励"作为学生成长行动指南

学校从体制机制上打通了"激励、赋能"的"最后一公里"，以"唤醒＋激励"作为学生成长行动指南。学校主张尊重差异，平等对待每一个学生，积极帮助学生寻找闪光点，激发潜能，同时悦纳学生，包容他的错误，在教学中教师不断反思，及时调整，以学生为中心，因材施教。

四、创生教学实践：达成"学生立场"的教育生态

学校一切工作的出发点和落脚点都是成就学生，所以学校始终站在学生的角度审视教育教学全过程。

（一）站在学生立场构建课程体系

学校依据马斯洛的需求层次理论，充分考虑青少年儿童身心发展规律和成长需求，进一步把"培养新时代中华好少年"的育人目标分解为学生成长六大核心要素：个人层面的身心健康、审美情趣，社会层面的责任担当、创新实践，国家层面的中华底蕴、全球视野。由此，学校研发出生命教育、德育、科技、体育、艺术、思维、经典和国际八大核心课程群，并分学段分年级设计实施。

（二）以生为本构建"学为中心"的生态课堂

课堂上强调从"教"走向"学"，让学习真实发生。这里的"学"不仅是"学会"，还要"会学""乐学""有终身学习的能力"，最终内化为核心素养落实到人的成长。课堂围绕"问题（情境）—探究—展示"，学生在发现问题、理解问题、解决问题的过程中激发学习动力和释放潜能，在高阶的问题解决与思维方法层级进行自主性学习，最终沉淀为一生受用的价值观、必备品格和关键能力。

学校倡导教师积极探索基于学科核心素养的大单元教学。八年级语文组以《三峡》《与朱元思书》《记承天寺夜游》《答谢中书书》这几篇课文为素材，结合单元写作《作文：描写景物》，以"大美·国教"写作教学大单元为学习主题，通过五个挑战性学习任务和活动的设计，使知识由零散走向关联，写作能力由浅表走向深入，项目由远离生活的

设定走向对实际问题的解决，既加深了爱校的主题教育，又切实提升了学生的综合能力。

　　教育现代化的核心在"人"，学校在推进教育现代化的进程中，更新"人"的思想和理念是起点，落脚点是深化教育教学改革，以促进学校高质量发展，而变革的关键点则是推进学校治理现代化。国家教育行政学院附属实验学校正是以价值引领为起点，建立了多元共治的学校内部治理结构，形成了依法、科学、民主的决策机制和开放动态的监督体系，形成了多元共治、民主共商、公开监督的治理生态，朝着办一所有价值、有影响力的学校的目标前进。

第四章　教师文化

第一节　探索青年教师成长规律

随着社会的不断进步，社会对教育的需求越来越迫切，从家长到社会各个层面，对教师的素质要求越来越高，因此，只有通过不断的教师培训来提升教师的整体素养，提高教师的整体教育水平，才能满足社会的需求，才能促进教育均衡发展。

如今"教育家办学"命题的提出对教师培训工作有了更高的要求，不仅需要注重对教师入职前的培训，也需要注重教师参加工作后的提高性培训，同时一些有一定学术成就和教学成就的老师需要更高层次的培训，因此，探索青年教师的成长规律就成为当前教育发展的主题。

一、青年教师专业发展的内涵

教师的专业化主要体现在三个层面。第一个层面是专业眼光，即如何看待学生，如何看待各种教育性的活动；第二个层面是专业素养，教师应该率先垂范，以身作则；第三个层面是专业技能，也就是如何将知识传授给学生，如何体现出文化状态和文化特点。教师要有能力把自己多年的工作经验提升为教育智慧，进而转化成教育思想。

二、青年教师专业发展的途径

教育家办学，培养专业化的教育家，这对青年教师来说会产生很大的吸引力，使其对教育有了更高的追求，即不能仅满足于成为一位名师、名校长，还要成为一位教育家。

（一）学历提升

教师入职前大多接受过教育学、心理学教育，入职后还是需要不断学习，虽然说学历和能力不一定成正比，但是在一段时间内集中学习对教师是很有帮助的，所以教师专业化成长的第一个途径就是学历的提升。青年教师往往会有自我发展的强烈需求，这种内驱力对于一个教师的成长是很重要的，因为他会努力去满足自己的发展需要，进而慢慢地走向专业发展。

（二）学习培训

学校要提供适合青年教师发展的土壤，给他们提供研究平台。学校可以采用"请进来、走出去"的办法，邀请外面的专家给青年教师专业发展方面的指导，把青年教师分批分次送出去学习培训。

（三）教科研活动

教师参与教科研活动能很好地锻炼专业发展能力。我在学校任教时，被北京市教育学会批准立项了市级课题——"青年教师基本素养培训研究"，带领青年教师进行科研工作，研究了青年教师的成长之路。

三、青年教师专业发展的不断探索

我是在科研之路上不断探索、逐渐成长起来的青年教师。2002年，徐安德老师给我指明了方向，即参加教育科研，以课题引领成长。在学校任教期间，我积极参与教科研活动，收获了成功和喜悦。

（一）踏上科研之路

2002年，我参加了"整体构建学校德育体系"总课题的研究与实验，也参加了"三书一册一本""构建初中德育体系""跟踪指导家庭教育"等子课题的研究与实验。2005年，我独立承担了"指导初中生做研究自我成长的主人"课题的研究与实验。

在研究与实验过程中，我撰写了十几万字的论文与心得体会，论文多次获奖。2002年，论文《语文教学中的德育》获全国三等奖；2003年，论文《初中学段跟踪指导家庭教育提纲》获全国二等奖；2005年，论文《初中三年教育主题的设计与实施》获全国一等奖；2005年，论文《单亲家庭研究》获教育部三等奖；2005年，论文《乐在家长、教师、学生共同进步中》获教育部三等奖；2006年，论文《整体构建BDA实验学校初中德育体系实验报告》获全国一等奖；2007年，论文《单亲子女健康心理的培养与维护》获北京市三等奖；2009年，论文《挖掘节日文化内涵，展示校园人文情怀》获总课题组优秀成果一等奖；2009年，论文《让活动激活学生的心灵》刊登在总课题组的学术专刊《和谐班集体建设——班主任治班方略》上。

2005年和2009年，我分别参加全国"十五"和"十一五"规划课题年会暨学术研讨会，并在大会上作了重要发言。

（二）科研引领成长之路

通过科研课题的引领，我把握了最新的时代脉搏，更新了教育教学理念，及时调整了研究方向和进取目标。通过外出参观学习一些先进学校的教学模式，如参观平谷黄松峪中学时，我深切地体会到了爱是转化潜能的源泉；参观房山某中学时，看到由学生组织策划的活动，我对学生的创造能力有了更多的认识；参观通州潞河中学"JIP 实验"成果展后，我也开始了教学实验改革……

科研课题给我树立了近期目标和远期目标，指明了每一阶段前进的方向，在教师专业化的路上我成长得很快，我不仅在教学专业和教育管理上稳步前进，更在学校管理上做了新的尝试，从而最大限度地发挥自身潜能。

2003年，获得北京市东城区"教育系统先进工作者"荣誉称号；2006年，获北京市东城区"育人奖"；2006年，获全国第三届作文教育高峰论坛"优秀指导教师奖"；2007年，获北京市东城区"优秀青年教师"荣誉称号；2008年，获全国教育科学"十一五"规划"和谐德育研究与实验"总课题组"先进实验教师"荣誉称号；2009年，获北京经济技术开发区"青年岗位能手"荣誉称号；2009年，获全国民办学校优秀教师提名奖；2010年，获北京市"先进工作者"荣誉称号和北京经济技术开发区"群众心目中的好党员"荣誉称号。

在教育教学方面，我也取得了丰硕成果。2002年，获北京市朗诵比赛辅导三等奖；2003年、2004年连续两年获第四、五届全国青少年"春蕾杯"征文比赛园丁奖；2005年，获得第一届北京市东城区中青年教师"文心杯"教材分析比赛二等奖；2007年，获东城区"第一届班主任基本功大赛"二等奖；2007年，全国公开课《天上的街市》获"创新杯"全国语文讲课初中组一等奖；2008年，区级公开课《乡愁》获北京市东城区"教师基本功大赛"一等奖；2009年，校级公开课《华南虎》获"教师基本功大赛"一等奖。

我的教育经历受到新闻媒体及社会的高度关注，2003年，中国教育电视台播放了我所带班级组织的主题班会；2007年，《晨报》对我的事迹作了专门报道；2010年，《中国教师报》对我的事迹作了专门报道。

（三）科研的引领意义

1. 科研重塑了教师的价值理念

科研课题引导我对教师的价值理念有了全新的认识，这也帮助我树立了追求的目标。教师决不等同于"教书匠"，他从事的应该是一种创造性的劳动。

第一，科研课题激活创造的欲望和动力。在这几年里，科研课题引导我一步步形成了创造的"动力源"。作为教师，我在进行课题研究时，对国家、对人民、对学校、对家庭的责任感不断地给我提供创造的动力源。课题的不断成功不仅让我获得学生和家长的认可，也得到了自身的认可。

第二，科研课题促使我不断学习。参加科研课题工作后，我意识到要建立起各学科内部知识点间的关系，以及各学科间知识点的联系。我继续深度学习本专业知识，攻读了研究生专业课程。在实践中，我不断补充教育学、心理学等方面的知识，同时将班级工作、年级工作放到学校整体体系中去思考，致力于"构建初中德育体系"子课题的研究与实验，大大提高了工作的整体性和前瞻性。

第三，科研课题使我能运用科学的教育教学观念指导工作。科学的教育观念就是将学生真正当作"人"来教育。知识的获取不是被动的接受过程，而是在头脑中建构与完善的过程，要引导学生在实践中不断地做事情，做新事情，去感悟创造性的学习生活，这样的过程才是学习过程。

2. 科研提高了工作的高效性和实效性

科研能使教师摆脱"两眼一睁，忙到熄灯"的窘境，使班主任从"管家婆婆"变成教育的研究者，使学科教师从大量的题海和作业中解脱出来，从事创造性的工作，以提高工作的实效性。

第一，科学的教育教学方式可以激活学生的潜能。在对子课题"指导初中生做研究自我成长的主人"进行研究和探索的过程中，我把评价的目标定位于激励学生学习的热情，促进学生全面发展。从丰富评价内容、改进评价方式入手，真正提高评价的实效性。学生综合素质评价分为两大部分，即自我评价表和记录我成长的足迹——成长本。

自从推进学生自我教育活动以来，班级大小活动全由学生策划主持，日常管理也由班委会成员负责，学生和老师的关系更加和谐，由管理与被管理变为帮助与被帮助，处处洋溢着和谐的气氛。

第二，以科研探寻规律，可以实现工作的前瞻性。教育是个性与共性共存的行为，通过科学研究与探讨可以找出其共性的内容，并有针对性地提前"打疫苗"，从而提高教育的有效性，避免不良事情发生后再补漏洞。

例如，通过"跟踪指导家庭教育"子课题的研究与实验，学校对初中阶段家庭教育的特点及这一批学生家长的教育情况、工作经历等进行研究，找出共性。学校组织召开家长会，给家长印发材料等，对家庭教育进行跟踪并给予切实的指导，帮助学生健康成长。

第三，科研大大提高了教育教学的效果。我独立申报并立项了一个子课题"指导初中生做研究自我成长的主人"，课题研究成果显示，在这一届毕业生中，有三名学生获"北京市三好学生"，十五名学生获北京市"东城区三好学生""东城区优秀学生干部""东城区优秀团员"和"东城区优秀少先队员"等荣誉称号，有六人考取北京四中、北京二中、北京八中等市重点高中，十余人考取区重点高中，一名学生在北京青少年游泳比赛中获季军，多名学生在其他学科及文体项目中获奖，中考取得建校以来的最好成绩。同时，我指导的学生多次在全国及市级作文比赛、朗诵比赛中获奖。

正是因为科研课题的引领，我才逐步走上了教育科研之路。在教育教学实践中，科研又成为我工作的动力源。作为教师，我在成长过程中进行科研探索，加快前进步伐，享受成功。

第二节　让幸福栖息在教师文化中

教师文化是学校发展历史的积淀，是影响师生生活的重要因素。不同的管理理念和管理方式将会孕育出不同的教师文化。幸福教育是我校的办学理念，基于此，教师文化处处彰显着幸福的特性，教师在幸福中不断提升，既"益人"，又"益己"。

一、幸福教育理念下的教师文化

（一）教师文化的历史沿革

我校地处北京市大兴区亦庄新城，始建于1998年，2011年9月由民办学校转制为公办学校，目前是集小学、初中、高中及国际高中为一体的十二年一贯制学校。

学校曾提出"三个一切"的办学思想，即为了学生的一切，为了一切学生，一切为了学生。教师作为培养学生的导师、学校发展的依靠力量而存在，专业发展几乎占据了教师发展的全部。

教师和学生是学校生活的主体，教师不仅要为学生健康的身心、丰富的精神世界和美好的社会生活服务，也应该为自己的幸福服务，教师的发展不再仅仅是专业化的发展，更是全面发展、终身发展。

（二）幸福教育理念下的教师观

幸福教育理念下的教师观认为，教师应回到本来的和丰富的人性状态，树立起作为"人的教师"的意识和形象；要把作为自然人的教师和作为社会人的教师两种角色结合起来，关注教师作为人的存在问题。

学校以终身发展和幸福生活作为构建教师文化的核心要素，在促进教师专业发展和提高教师幸福指数两个方面着力。

二、教师文化建设的途径与方法

（一）尊重教师职业

1. 建设教师博物馆，尊重教师，增强职业认同感

北京市第二中学是首家为教师建设博物馆的学校。借鉴北京市第二中学的教师文化建设经验，我校也开始建设教师博物馆。教师博物馆和一般学校陈列馆不同，教师博物馆的主人是教师，馆藏文物是教师曾使用过的教案及教学工具，展示的是学校教职工的个人事迹、成

果及实物等内容。

走进博物馆，在学校工作过的老师都能发现自己的足迹。教师博物馆的成立不仅体现了学校对教师教育实践的尊重，更激发了教师内心对职业的认同，这种认同是其获得幸福感的最持久因素，同时也是对学校文化的传承，是学校宝贵的精神财富。

2.建立各种奖惩机制，引导形成共同的价值观

学校进行精神文化建设的目的是：一是要用先进思想和名人事迹引领教师树立远大理想，积极主动获取职业幸福；二是要通过优秀教师先进事迹的榜样作用影响其他教师。

学校通过每周一次"感动人物"、每月一次"最美二中亦庄人"、每年一次教师节表彰等评优活动，激励教师实现自我、超越自我。

在日常的教育教学活动中，学校引入教学常规奖励评价机制，每月一评，每月一奖。这种发展性的教师评价制度能引导教师自主发展，主动追求幸福、创造幸福和享受幸福。

这种精神文化能让教师严谨治学，精益求精，求实创新，这种态度是教学成功的基本保证，也是教师产生幸福感的必备条件。

（二）建设以人为本的制度文化

学校的制度文化建设不是为了束缚人，而是要帮助人获得更多的自由。首先，保证制度文化的公平性；其次，保证制度文化的人文性。只有将"硬性"制度与"软性"管理相结合，才能真正发挥制度文化的作用，服务于教师的发展。当学校领导能真正关心教师的工作、生活，解决教师的住房、职称、人际关系等一些实际问题时，教师才能产生归属感和安全感，全身心投入到自己的教学工作中，在工作中不断地超越自我，从而促进学校的发展。

要吸引教师积极参与学校管理。重大决策充分听取教职工的意见，力求程序民主，定期召开教代会；以校长接待日、校长信箱、调查问卷、座谈会等形式听取管理改进的建议。

（三）教师的专业发展

教师的专业发展是建设教师文化的关键所在。学校应成为教师发展的场所，为教师专业发展提供机会和支撑，通过多种途径促进教师的专业发展，提高教师综合素养。

我校专门成立了教师发展中心，由专人负责，拨专项经费进行教师队伍建设。通过学校中长期发展规划和教师队伍建设方案，引领教师规划专业发展，追求幸福的职业人生，比如开展教学技能培训，组织和指导教师撰写论文，引导教师开展职业规划，开展教师职业道德教育活动，为每位教师建立成长档案，等等。加强教师的文化学习建设，营造浓厚的学习氛围，打造书香校园，倡导做研究型、学者型教师。

学校构建了多元多维立体化教师培训体系，该体系的建立旨在满足教师个性化、多样化的发展需求，加快教师队伍建设的步伐；多措并举，通过量身定做的特色活动促进该体系有序运行。该体系包括七项工程：全员零点工程——新教师入职培训，日常个性化培训工程——校内师带徒活动，全员高端提升工程——名师进校园系列活动，高端个性化培训工程——拜学名师活动，日常全员知识和技能培训工程——建立学科工作室，全员学科建设和专业发展培训工程——建立名师工作室，教育思想和技能的国际化培训工程——举办中美加教师思想交流周活动和组织教师赴海外参加培训活动。

（四）教师幸福生活的保障

学校全力打造齐备的教学设施，根据教师需要充实图书馆馆藏图书，改善阅览室环境，建设各种版本的教材库等，为教师专业发展提供良好的外部条件，这是教学成功和教师获得幸福感的基础。

学校利用良好的设施为教师创造舒适、便利的条件。食堂为教师提供丰富多样的营养早餐，幸福从早上开始；学校修建了健身房，为教师锻炼身体提供了场所；学校设立了教师茶歇室，为教师提供放松的场所。

通过开展丰富多彩的文体活动，教师间相互欣赏，增加了凝聚力和向心力，进而营造了和谐的人际氛围。

三、教师文化建设

文化建设需要时间的验证和历史沉淀，学校文化建设的各项工作需要进一步提升和完善，教师文化建设系列工程还需要不断深化。

基于教师发展的学校文化建设，要求确立教师在学校的主人翁地位，在业务上给教师提供可持续发展的空间和条件，在生活上给教师提供必要的物质保障。

学校要把促进教师的专业发展作为教师文化建设的核心，不断提升教师文化的品位，引导他们树立科学、正确的现代教育观念，不断提高自己的教育教学能力和科技创新能力，逐步发展成为专家型、研究型、反思型的教师。

第三节 创新视域下干部教师创新能力的培养

一、为什么要创新

回答"为什么"其实就是统一认识、统一思想的过程。只有干部思想一致了，认识统一了，才能朝着一个方向使劲，前进的速度才会更快。

要实现超越就得在竞争中脱颖而出，学校教育实力的竞争说到底就是创新的竞争，要深入实施创新驱动发展战略，推动教育观念创新、课程创新、教学方式方法创新、评价创新、组织创新、管理创新、制度创新等，加快形成以创新为主要引领和支撑的教育管理体系和发展模式，这是决定学校生死存亡的关键所在。

再把视野放到北京市教育综合改革的背景下，仅就中高考改革来说，步伐很大。高考考试科目改成6选3，中考考试科目增至9科，英语一年两考，除了听力考试外，还增加了口语考试。这些变化要求学校必须提前思考，提前着手布局。例如：（1）面对6选3，学生怎样才能有正确的选择？学校如何开展学生学业规划、职业生涯教育规划？如何引导学生对自己的发展潜力、职业倾向进行深入思考和正确分析？（2）随着多样化选择的出现，"行政班"唯一建制必定打破，"走班"势在必行。"行政班"和"走班"形式的教学班如何匹配？（3）围绕课改和新高考方案，如何重新梳理和建立学校新的课程体系，使必修、必选、自选的课程架构更加吻合于改革和学生需求，并形成新的学校课程特色？（4）初中历史、地理、政治、生物进入中考，如何转变教学方向和策略？如何重新布局三年课程整体设计？（5）2015年，北京市中高考进一步降低了试题难度，中考命题侧重考查基础知识和技能，考核范围更加宽泛；高考愈发重视对考生综合能力和价值理念的考查。在考试越来越体现"实"与"活"的背景下，教学内容、教学方式如何调整？

所以说，创新是国家发展大背景下的必然要求，是学校跨越式发展的唯一突破口，是中高考改革后的必然举措。

二、创新过程中存在的问题及原因分析

人类认识世界、改造世界的过程就是一个发现问题、解决问题的过程。有人说，中国改革的一条重要经验，就是把所有问题都当作更上一层楼的机遇。只有发现了问题，才能找到解决办法。

（一）创新意识淡薄

具体表现：一是不想创新——缺乏创新的主动性、使命感和责任感；二是不愿创新——满足于当前的工作，求稳心理明显，奉献意识、合作意识不强；三是难以创新——因为自身缺乏创新理论，面对层出不穷的问题墨守成规、因循守旧。

（二）创新魄力不够

受多种因素的影响和制约，缺乏创新能力和勇气，或者有创新能力，却在开展工作时顾虑重重、扭扭捏捏，习惯性运用简单的直线思维思考问题，在解决问题时怀有"不求有功，但求无过"的保守心理，导致工作无法取得突破性进展。

（三）创新知识匮乏

忙于事务性工作，不能集中精力学习，遇到问题时，即使有创新思路和方法建议，也会因为创新知识不够而半路夭折。如果再满足于工作能应付、问题能处理的现状，不注重在工作中总结经验教训，就会影响工作的创新与深化。

自力更生是奋斗基点，自主创新是必由之路，创新的引领者、依靠力量是学校的领导干部，这就要求领导干部要敢于担当、勇于超越、找准方向、抓住不放，牢固树立敢为天下先的志向和信心，敢于走别人没有走过的路，在攻坚克难中追求卓越。

三、怎样做到创新

创新的核心是"新"，"创"是过程，"新"是结果，是目的，如何"创"是关键。

（一）创新首先必须思想先行

创新是改革发展的动力源泉，只有真正从内心、从思想上认同，才会内化为动力。

（二）不断学习，不断更新观念

创新建立在认识现有成果的基础之上，它根源于丰富的知识和广阔的视野。缺乏理论支撑，创新就没有了方向；而缺少实践经验，创新工作就会成为纸上谈兵，没有任何实际价值。创新能力的提升需要掌握理论知识，并加强实践锻炼。因为知识本身也需要更新，所以领导干部更要加强理论学习，掌握现代科技知识，认真学习实践知识，不断掌握创新思维技能。

（三）不断加强修养，提高自身素养

首先要有过硬的思想政治素质；其次要有过硬的教育素质，即遵循教育规律，教育知识与基层经验丰富，教育理论思维能力突出；再次要拥有较高的创新素质，即创新欲望强烈、创新魄力大、自主学习意识强烈；最后要勇于采纳百家之言，有挑战权威的勇气，有包容不同意见的胸怀。

（四）大胆实践，大胆尝试，大胆探索

临渊羡鱼不如退而结网。

（五）培养一支创新的团队，让教师参与创新的全过程

创新工作对于学校领导干部来说，至少有两大使命：一是自身工作中要创新，二是要培养出一支具有创新精神的队伍。创新的事业呼唤创新的人才，教育的发展，人才越多越好，本事越大越好。学校领导干部要把人才资源开发放在最优先的位置，改革人才培养、引进、使用等机制，注重培养一线创新人才和青年人才。

以课程改革为例，教师是课程改革最直接的依靠力量，是课程改革与创新教育能否成功的关键。国家和地方编制的课程属于预期课程，只有通过教师的具体实施才能变为学生的现实课程，所以，教师必须对课程编制者的意图有清楚的理解和把握。要让教师参与到课程编制工作中来，从课程目标的确定、课程内容的选择与编排到教材的编写、课程评价等各个环节，都要让教师参与进来，使教师能更好地把握课程创新的实质。

（六）创新要突破常规，但必须尊重教育规律

善于突破常规是培养创新意识的重要途径，但学校领导干部的创新能力培养不是一蹴而就的，在鼓励创新的社会环境下，还需要领导干部和全体教职工全力配合，只有这样，领导干部的创新能力才能不断得到培养和提升，才能在优质办学理念的指导下创办特色学校。

第四节　教师队伍建设策略

如今，学校十分重视加强教师队伍建设，明确指出努力造就一支师德高尚、业务精湛、结构合理、充满活力的高素质专业化教师队伍，是实现教育现代化，形成学习型社会和进入人力资源强国行列的基本条件和重要保障。加强教师队伍建设，构建现代化的创新型教师队伍，走可持续发展的继续教育之路，是全面贯彻党的教育方针、全面提高教学质量的关键，也是学校发展的原动力。对于我校而言，教师队伍现状不容乐观，教师队伍建设显得尤为紧迫和关键。

一、学校教师队伍建设存在的问题

（一）教师队伍结构性矛盾突出

1. 教师构成复杂

学校民转公改制后，教师队伍主要由两部分构成：一部分是编制内教师，另一部分为编制外教师。编制内教师有三个来源：44%为近三年新招聘的应届毕业生，他们往往工作热情高涨，但经验欠缺，而

且相当一部分比较浮躁，难以静下心来潜心教学；38%为新加入编制内的原民办校教师，他们对公办体制下的管理模式还需一个适应过程；18%为从别的公办校调入的成熟教师，他们对学校文化、学校教育的需求都需要进一步熟悉和研究。编制外教师主要来源于退休教师和外地来京任教的"北漂一族"。退休教师来校工作除发挥余热外，主要动机是寻利，因此经验有余而发展动力不足，守成有余但创新意识不够；"北漂一族"大多是有经验、有资历、有名气的中年人，他们希望实现自己的人生价值，一旦壮志难酬，必定"另谋高就"，是极不稳定的群体。

2. 教师年轻化、高学历化，但职称结构专业化程度较低

学校中40岁以下教师约占79%，50岁以上教师约占10%，年龄结构呈现年轻化趋势，中年教师比例过小，这种教师队伍结构是极不合理的。一个高效的富有生机与活力的教师队伍，应是"老中青"结合的合理的教师队伍。学校中硕士研究生及以上学历的教师约占45%，高学历、高素质、复合型人才为学校跨越式发展提供了无限可能。但学校专任教师中，副高级职称教师约占10%，中级职称教师约占28%，另有初级职称教师约占30%，呈现出专业化程度较低的趋势，所以在教师专业素养的提升方面必须加强。

（二）教师自我认同危机

民办学校没有或少有"婆婆"的管束，完全是一种新的教育运行机制，能给教师较大的发挥空间，而改制后的公办学校受传统管理体制的束缚，教师只能按照社会、家长和学校领导的意愿去工作。在这种变化下，教师们往往会无所适从，内心深处易产生焦虑和自我怀疑，甚至自我否定。

1. 角色认同混乱，导致挫败感

民转公后，上级部门对学校的管理、监督更加体系化，部分教师在转制后仍不自觉地沿用原有的习惯和方法来处理一些问题，如课程设置、课时安排、与家长交往等，从而发生角色衔接上的中断，困扰于自己和过去不一样了，找不到过去的"我"，但又不是理想中的"我"。遇到困难时容易表现为对自己不满意、不理解，在与一些重点学校教师的较量中又容易否定自己，产生"习得性无助"。

2. 心理焦虑严重，导致无端的恐惧

编制内教师对角色不适应，编制外教师则对前途不确定，容易造成经常性的焦虑和抑郁。教师往往比较在乎别人的评价，对外界舆论及变革异常敏感，在内心中无法对自己进行求证时，会希望得到外界的证明，同时渴望新的机遇来临，但又害怕变革，既希望凭借实力公平竞争，又希望没有淘汰机制，理智和行为出现了不一致。

二、学校教师队伍建设的策略

（一）职业规划引领教师专业发展

在教师队伍建设过程中，学校依托教师职业规划，以促进教师专业发展为重点，努力协调教师个人内在需求和学校长远目标需求之间的关系，逐步实现个人和学校共同成长的美好愿景，实现双赢。

1. 成立教师发展中心

教师发展是教师个人与学校共同努力的结果，教师要依靠改制后的学校提供的平台机会和物质精神奖励实现个人发展，学校要依靠教

师的努力工作来实现事业发展，双方相互依存，缺一不可。

改制伊始，学校就将教师职业规划纳入了学校发展议程，成立了教师发展中心，由专人负责，在专业引领、科研发展、幸福生活方面对教师进行指导。教师发展中心除了成立名师工作室、学科工作室、教科研工作室外，还成立了教师服务中心，为教师快乐工作、幸福生活提供必要的后勤服务保障。

2. 促进教师的成长

在学校发展规划大背景下，引领教师开展个人生涯规划；由教师发展中心牵头，教务处有计划地开展教育教学实践活动，通过开展听课、讲课、评课、集体备课等活动，教师将学习的理论运用于实践中，通过再反思来达到升华；充分发挥名师工作室中10余位特级教师和名校（北京市第二中学）名师的资源优势，通过名师的"传、帮、带、导"等有效手段，实现教师自身综合素质的全面提升。

3. 采取分层推进的管理模式

学校对青年教师群体主要采取"浸染式"的模式，通过学科工作室，在校内骨干教师的带动下，帮助青年教师群体浸染于教育教学中，在摸爬滚打中向身边名师学习；对中年教师群体主要采取"任务驱动"的模式，给中年教师压担子，以帮助其克服"高原期"的畏难情绪，突破发展瓶颈；对骨干教师群体采取"专家引领"的模式，通过名师工作室外聘特级教师对他们进行随时把脉，并拓宽视野，借助名师的资源优势，加快其成才的步伐。

（二）培育身份认同

学校每年招聘应届大学毕业生和外调入校的教师40人左右，占全校教职工的13%，因此，要打消其陌生感，拉近距离，让他们尽快认同自己的主人身份，以主人翁的态度开展工作，迅速融入学校这一大家庭中。

通过与新入职教师谈心，营造学校的大家庭氛围；通过新入职培训，让其了解学校的历史，增强自豪感；通过每年一度的"年度十大实事"提案的征集，引导教师对学校管理、教师发展、学生培育等各方面工作发表自己的意见和建议，逐步形成教师的角色责任感。

（三）尝试创新人事制度

一方面，学校呼吁政府制定相应的政策，规定编制外教师在职务晋升、职称评定、培训进修、个人评优、人事调动等方面与编制内教师平等；另一方面，学校先行一步，在校内实施改革，尝试拟订相应的制度、条例，依法保障改制后编制外教师在工资、福利、医疗保险、养老金、职称评聘等方面的待遇，并逐步做到与编制内公办教师待遇相同。在这方面，学校进行了大胆探索：尝试性试行工资制度改革，最终实现同工同酬；推行校内职称评聘，助力人才培训与发展步伐。学校通过以上措施逐步解决编制外教师的后顾之忧，吸引更多的优秀人才在学校长期从教。

（四）建立公平合理的激励机制

学校教代会讨论通过了《中高考奖励方案》《跆拳道获奖奖励方案》《课外辅导及教科研成果奖励方案》等，建立了以促进教师专业发展为目的、着眼于未来发展的教师评价机制。对教师设定的发展目标的现实性和合理性进行了科学评估，对教师个体的目标行为作出了正确评价，帮助教师职业发展。在职称评聘方面，改变以往不合理的规定，让教师觉得有奔头，树立其自信心，让其产生成就感、自豪感和满足感。

第五节　教师成长的路径

学生的成长、教学的效益，在很大程度上取决于一支有理想信念、有道德情操、有扎实学识、有仁爱之心的教师队伍。学校致力于打造一支幸福着且能传递幸福、有价值且能创造价值的师德高尚的教师队伍。

一、以爱育爱，找准师德建设的关键驱动点

一个人首先应该感受到被爱，才能更有爱心。当老师珍惜各自的行业、岗位、事业时，感受到成就感、自豪感时，往往才会有爱心。学校进行师德建设的起点是以爱育爱，通过创造各种条件不断提升教师的幸福指数，最终将爱心传递给学生。

二、构建"三大关系"，营造"仁爱至善"的教师文化

学校着力构建合作分享的工作关系、包容和谐的人际关系和平等尊重的师生关系，营造"仁爱至善"的教师文化，创设有情有义相处、有声有色工作、有滋有味生活的文化氛围。在学校创设的正向积极的工作环境里，教师的主人翁意识被唤醒，主观能动性被调动起来。

三、指导职业规划，建构教师成长"五阶梯"

借鉴德雷福斯模型职业成长的五个阶段，学校指导新入职教师做好职业成长规划，建构了教师专业成长"五阶梯"图谱。第一阶段是新任教师，入职1—3年，了解一般教学原理、教材和教法，熟悉教学步骤及各类情景，获得初步教学经验；第二阶段是经验型教师，入职3—6年，有一定职业认识、职业技能和职业收获，基本掌握本学科知识体系、教育教学和学生发展规律，能驾驭课堂，保证课堂教学效率；第三阶段是骨干教师，入职6—9年，有丰富的教学经验，熟练驾驭课堂，关注学生成长，师生关系良好，有一定的反思能力，有可分享的经验性知识；第四阶段是示范性教师，入职9—12年，有自己独特的教育风格，对教育的理解由感性上升到理性，独立主持课题，在核心期刊发表论文，带领团队发展；第五阶段是专家型教师，入职12年以上，在已有教学主张的基础上凝练形成教育思想，引领当地基础教育改革发展。

四、多维度搭建平台，促进教师专业成长

学校立足校本研修向内生长，同时依托国家教育行政学院和北京教育学院高端资源向外借力；学校为师生成长积极搭台，以展示促提升；引领教师依托个人成长自评和课堂观察进行自我诊断，以评促改，不断唤醒、激活、赋能和提升。

第五章　教学改革

第一节　"1236 生命课堂"的建构与实施

北京市大兴区长子营学校矗立在凤河岸边，秉承明德厚学的校训，积极推进生命教育理念，茁壮成长，开拓进取，培养了大批现代化人才。历经60余载，几代人辛勤努力，赢得了诸多荣誉。本节以该校为例，讲述生命教育理念的具体实施措施，并结合该校的实际情况提出自己的思考。

一、办学理念：做幸福的生命教育

教育要做的事情就是让一个生命在与其他生命相处之中，得以优雅而从容，这就需要思考三个问题：做什么样的教育，培养什么人，怎么培养。

幸福很简单，就是有事做，有人爱，有所期待。何为做幸福的生命教育？就是做以人为本、充满生机和活力的教育，是可持续发展的教育。做幸福的生命教育是教育的理想，也是理想的教育。

二、育人目标："两有""两敢""两会"

学校基于核心素养的六个指标"人文底蕴、科学精神、学会学习、健康生活、责任担当、实践创新",结合北京市大兴区长子营的地域文化特点,提出了"两有""两敢""两会",即"有知识,有文化","敢担当,敢创新","学会学习,学会生活",也就是从做学问到做事,最终到做人的终极育人目标。

如何实现这一育人目标?这就需要借助国家课程、地方课程和校本课程来实现。

三、生命课程体系的建构

根据教育改革家朱永新提出的生命的三重属性(自然生命、社会生命、精神生命)和马斯洛需求层次理论(生理需求、安全需求、社交需求、尊重需求、自我实现需求),学校提出了生命课程理论。理论的提出指向了办学目标,即"师生追求生命价值的精神家园,师生绽放生命精彩的成长乐园",并明确了"让每一个孩子绽放生命的精彩"的课程理念,这就需要丰富多彩的课程来体现平等性、差异性和多样性。

四、课程架构与育人目标

学校的生命课程下设三个一级主题,即生命的存在、生命的成长、生命的品质,十个二级主题,即生命与生活、运动与健康、心理与健康、学科基础、知识拓展、文化传承、综合实践、梦想铸造、品格修炼、艺术追寻。

一切学习都来自于经验、实践、沉浸、对话、互动、参与,体验式课程最活跃，也是学校课程实施的最佳方法。课程即学生美好生活的梦想体现，课程即学习的经历和体验，课程即个体差异的适应与超越，课程即教师个体发展的需要。

校本课程要实现学校统筹规划，教师自主实施，学校监督检查，教师总结反馈。校本课程的具体实施措施如下：

1.学校对已开发的校本课程统一制订课时计划，对任课教师、教学场地等规划设计。

2.课程申请教师要做好课程方案设计，经学校审核通过后按计划实施，领导小组随机检查听课，随时测评。

3.任课教师根据课时计划联系场地、器材等，实施课程。

4.教师应保存学生的作品、资料及在活动、竞赛中取得的成绩资料。

5.任课教师对学生的学习情况进行评价和记录，对自己的教学进行反馈总结，以利于今后的校本课程教学。

6.每学期召开一次校本课程研讨会，展示优秀教师的成功经验和学生的学习成果，解决存在的问题，及时总结校本课程的实施情况。

五、"1236 生命课堂"的内涵与实施

（一）"1236 生命课堂"的内涵

"1236生命课堂"，"1"指的是"一中心"，即构建以学生为中心的幸福课堂；"2"指的是"两关注"，即关注教师基于学科核心素养下的大单元教学与教学评一体化的"教"，关注学生基于正确价值观、必备品格和关键能力的高阶思维和深度学习；"3"指的是"三目标"，即正

确价值观、必备品格和关键能力；"6"指的是"六环节"，即目标定位、情境创设、活动设计、问题解决、评价反馈、反思小结。

（二）"1236 生命课堂"的实施

该课堂强调从"教"走向"学"，让学习真实发生。这里的"学"不仅是"学会"，还要"会学""乐学""有终身学习的能力"，最终内化为核心素养落实到人的成长。课堂围绕"问题（情境）—探究—展示"，在发现问题、理解问题、解决问题的过程中激发学生的学习动机，把学习过程还给学生，让学生在高阶的问题解决与思维方法层级进行自主性学习，最终沉淀为一生受用的价值观、必备品格和关键能力。

六、课程开发与评价

评价是学校课程变革的有机组成部分，评价有利于总结学校课程的建设经验，有利于改进学校课程的建设问题，有利于提升学校课程的品质。

学校用标准引导课程发展方向，规范日常教学行为，提高课堂教学效率；用标准提高教师工作的积极性，照亮教师前进的方向，加快教师的成长速度，引领教师专业发展；用标准有效促进更多优秀课程的开发与实施，全面提升学校课程建设的品质。

（一）教师评价

1. 教师教学应有计划、有进度、有教案、有考勤、有评价记录。

2. 教师应按照学校整体教学计划的要求，达到规定课时与教学目标。

3. 教师应保存学生作品及在活动、竞赛中取得成绩的资料。

4.教务处通过听课、查阅教师记录、问卷调查等形式对教师进行考核，记入校本业务档案。

（二）学生评价

1.校本课程不采用书面考试或考查方式，但要做考勤评价记录。

2.教师根据每个学生参加学习的态度进行评价，可分为优秀、良好、合格，作为"优秀学生"的评比条件。

3.学生的学习成果通过实践创作、作品鉴定、竞赛、评比、汇报演出等形式展示，成绩优异者可将成果记入学生学籍档案。

七、关于课程建设的思考

我认为学校课程变革有三个层次。一是1.0层次。课程变革以课程门类的增减为标志，这是"点状"水平的课程变革。二是2.0层次。学校围绕某一特定的办学特色或项目特色，开发相应的特色课程群，这是"线性"课程开发水平。三是3.0层次。学校课程发展呈鸟巢状，以多维联动、有逻辑的课程体系为标志，这是文化创生层次的课程变革。

（一）课程整合

课程整合就是将不同的部分连成一个整体，或是将不同的部分纳入到整体中，以适合于不同的学生，这就要求课程的设计和实施要把学生从单一的书本世界和封闭的知识系统中解放出来，把课上学习的解决问题的方法应用到实际问题中来。

学校以学生的认知规律为中心、以课程整合为目标设计组织了一些活动，突出了学生的个性，推动了学生的个性发展，绽放了学生的生命精彩。

一个主题——梨花，多个课程的融合。师生共同走进海棠庄园开展实践活动。教学现场五位老师以文学创作、摄影、花叶贴画为主题分三个组开展活动。在灵动的教学现场，老师天马行空的讲解激发了学生参与的热情，思维碰撞、灵感频发，学生不仅能够欣赏美、发现美，更能创造美。看到学生们洋溢着幸福的笑脸、专注的表情，教师体会到了教育的意义。学校重视学生直接经验的获得，让学生亲近自然，走进社会，通过一系列实践活动丰富学生的经验和见识。

一个课程——园艺心理，多个学科间的融合。活动由园艺心理社团教师负责设计实施，另外几位老师协助完成。这节课以园艺为载体，打破学科界限，完全从学生认知角度设计问题，通过多学科整合，以学习单推动任务单的形式完成学生能力的提升。

（二）改变碎片化课程格局

阅读经典系列课程的开发，从暑期作业到骨干教师名著阅读展示课，再到名著阅读戏剧的表演，带给学生的是能力的提升。从"读名著，品名著，演名著"主题的提出，到围绕主题进行研究，静态式学习和活动式学习兼容，学生学会了如何在团队协作下完整地解决一个问题。学生在团队中各司其职，学会了互相配合，共同进步。名著是一座桥梁，它把文本学习与实践学习结合起来，实现了学习方式从"文中学"到"做中学"的完美结合，让实践和体验成了丰富的课程资源。阅读经典系列课程强调按先后顺序由简到繁，从已知到未知，从具体到抽象，改变了学校碎片化的课程格局，保持了学校课程的整体连贯性。

（三）课程开发的深度

生涯规划科研课题"城市发展新区中学生生涯教育实施途径与方

法的研究"，从活动方案设计（生涯认知，生涯探索，生涯体验，生涯行动）到活动主题设计（我的价值观，我的生命轨迹，我的职业梦想，我的自身资源，我的外界资源，我的生涯彩虹图，我的职业体验，我的职业模拟，我的职业三联单，我的人生舵盘），再到生涯规划教育系列课程活动方案，课程设计有层次、有梯度、易操作。

　　总之，课程是师生在一定情境中进行文化探索的动态生成过程。课程是有生命力的，不仅体现在其本身，还体现在它生成和实施的过程中，它是"活"的，变化的，流淌的。学校课程规划的目的是为学生提供丰富的选择，适合学生的课程才是最好的课程。

第二节　以学生为中心优化教学方式

　　课堂教学涉及教师向学生传授知识、培养学生能力和对学生进行思想品德教育等问题，也涉及师生教与学的理念、教与学的内容、教与学的方式方法、教与学的管理以及教与学的评价等多方面问题。

一、关注教育现代化

（一）现代化的内涵

　　现代化一词从18世纪工业革命开始使用，伴随着信息革命进一步传播，主要指知识科学化，政治民主化，经济工业化，生活城市化，思想自由化，文化人性化。

（二）教育现代化的内涵

　　教育现代化就是要在学校教育中充分体现时代精神，及时跟随时代需求。教育现代化是适应工业革命、信息革命的需要而不断变革的，具体来说，就是要塑造科学精神、培养民主意识、积累专业知识、提高文明素养，使接受教育的人成为能充分享受城市文明并对城市文明有积极推动作用的理性人、契约人、社会人、国际人。

（三）教学实效性与教育现代化的关系

为了实现教育现代化，学校教育必须关注教学实效性，以课堂为中心，改进学科教学、优化教学方式、提高教学实效，最终实现教育现代化。因此，教学实效性是实现教育现代化的基础和保障，教育现代化是教学实效性的导向和目标。

二、重视教师教育理念的更新

人们的教育思想观念、行为方式以及对教育规律的认识和遵循，是决定教育现代化成败的根本因素。教师的教育理念一旦形成，就会变成相对稳定的精神力量，影响教师对教育的意义的理解，对师生关系的理解，也影响教师在教育中遇到问题后的处理方式和方法。

育人为本是教育工作的根本要求。人力资源是我国经济社会发展的第一资源，教育是开发人力资源的主要途径。以学生为主体，以教师为主导，充分发挥学生的主动性，把促进学生成长作为学校一切工作的出发点和落脚点；关心每个学生，促进每个学生主动地、生动活泼地发展；尊重教育规律和学生身心发展规律，为每个学生提供适合的教育，培养造就数以亿计的高素质劳动者、数以千万计的专门人才和一大批拔尖创新人才。

因此，实际工作中要促进教师转变三个观念，处理好三个关系。

（一）转变三个观念

1. 变知识评判者为成长陪伴者

在实现培养现代人目标的过程中，教师要成为学生成长的陪伴者，无处不在却又润物无声。在陪伴的过程中，彼此身份是平等的，行事原则是民主的，精神世界是自由的，在这样的氛围里成长起来的孩子会更加宽容，更具有同理心，更富有创造性。

2. 变学术权威者为学习引导者

在知识传授过程中，教师要将角色从学术权威者转换为学习引导者。随着信息革命的深入发展，网络资讯越来越发达，学生获取知识的渠道越来越多，纯知识性的教学已经越来越不适应时代需求，教学过程中一定要注意做学习的引导者，多触碰学生的思考按钮而不是记忆按钮。所谓闻道有先后，术业有专攻，老师不过比学生在专业领域提前浸润了些时日，大可不必在学生面前做学术权威状。

3. 变教育执行者为教育研究者

在教学事务中，教师疲于应对各种教育教学任务，执行各种教育命令，缺少思考的时间，缺乏自我整理的意识，但是如果只凭借本能来做事，那么除了疲惫和辛苦将毫无幸福感可言。教育现代化对教育内容和方法都提出了新的要求，如果不思考，不研究，不自我成长，那么必定无法适应教育的发展。

教育专家的理论高屋建瓴，具有科学性，这是毋庸置疑的，但是专家未必了解现实中学生的具体情况，每个班级有每个班级的特点，每个学生有每个学生的差异，在运用专家的理论指导工作时，也要结合实际情况进行有目的的改造研究，而不是简单的复制执行。具备研究能力的教师才是有生命力的。

（二）处理好三个关系

1. 传统与现代的关系

我国的教育现代化其实是变农业文明为商品经济文明的过程，这个过程中难免会有传统与现代的理念冲突，教师要坚守安贫乐道的情怀，同时努力为学生创造条件，使他们所学的知识能够转化为安身立命的本领。即便不能直接传授可以转化为生产力的知识技能，也要在职业规划上给予学生前瞻性的指导，帮助学生在传统与现代的冲突中找到平衡点。

2. 家长与学校的关系

随着时代的发展，家长对学生的期待也变得多元化，不再只是考上大学一个期待，很多家长表示只要孩子过得快乐就好，健健康康地成长就好，能和周围人和谐相处就好……这个时候，教师就要改变思路和工作理念，不要只用学习目标衡量学生，和家长的沟通话题也要保持多元化，提供给家长的教育方法也要更加科学和多角度，和家长的沟通渠道也要多元化。用先进的理念影响家长，用人格魅力征服家长，用促进家长和孩子共同成长的方式树立学校的良好形象。

3. 三年与一生的关系

教师在课堂教学中要注意学生的在校三年和一生的关系。学校的任务是培养社会人，教育工作目标和计划就不能只局限于三年的时间，而是要着眼于学生的一生，从一生来说，培养学生与人相处的能力远比教授其他技能更重要。要为学生的一生奠基，必须在日常管理和团队活动中渗透正能量，因此，每一次教学活动都必须有计划、有目的地设计，要符合教育现代化的要求，而不是单纯地为了完成一次教学任务。

三、适当借鉴国内外教学模式

（一）国外教学模式

教学模式是教学理论具体化、教学实践概括化的形式和系统，具有多样性和可操作性，因此，教师对教学模式的选择和运用要有一定的要求，教学模式必须要与教学目标相契合。

国际上比较流行的十二种课堂教学模式有：注重教师权威的传递—接受式教学模式，注重学生主体性的辅导—体验式教学模式，培养探究能力和思维能力的探究式教学模式，通过体验所学概念的形成过程来培养思维能力的概念获得教学模式，巴特勒的自主学习模式，以真实事例或问题为基础的抛锚式教学模式，遵循人的认知规律的范例式教学模式，注意学生利用自己的先前经验对问题进行解释的现象分析教学模式，适用于智慧技能的加涅学习模式，将学习按照其效果划分为有意义学习与机械学习两种类型的奥苏贝尔模式，以小组形式组织学生进行学习的合作学习模式，培养学生以探索知识、发现知识为主要目标的发现式学习模式。

（二）我国教学新模式

近些年来，我国各地涌现出不少模式化的课堂教学改革典型。

1. 盘锦课堂教学模式

盘锦课堂教学模式有以下特点：

①通过定向帮助学生把握一节课的全局，确定重点和难点，明确

学习目标。

②教师教给方法后学生自学。

③在导学释疑、合作探究中深化重点，突破难点。

④通过测试、自结达到强化知识和运用知识的目的。

2. 洋思课堂教学模式：先学后教，当堂训练。

江苏洋思中学创立"每节课教师只讲四分钟"教学模式。

洋思中学有"三清"运动，即堂堂清、周周清、月月清，不留尾巴，实际上是及时复习巩固，分散复习优于集中复习理论的具体化。洋思中学最后复习时，教师用的是"背诵讲义"，这是洋思的一大法宝，总复习时抛开课本，只背诵讲义，各科需要掌握的知识点全在讲义中。

3. 杜郎口课堂教学模式："三三六"自主学习模式

山东杜郎口中学创造"预习、讨论、展示、反馈"四步教学模式和"三三六"自主学习模式，该模式以学生在课堂上的自主参与为特色，课堂的绝大部分时间留给学生，老师用极少的时间进行点拨，这种模式被称为"10＋35"（教师讲解少于10分钟，学生活动多于35分钟）模式，或者"0＋45"（教师基本不讲）模式。

杜郎口中学教学模式的三个特点：立体式、大容量、快节奏；三个模块：预习—展示—反馈；六个环节：预习交流、明确目标、分组合作、展示提升、穿插巩固、达标测评。

4. 江苏东庐中学"讲学稿"教学模式

各个科任教师按年级分学科分课时进行备课，然后同年级同学科教师在查好相关资料的基础上进行集体备课，并有学科带头人把关定稿，形成讲学稿。上课前一天将讲学稿发给学生，学生按讲学稿的要求，在充分预习的基础上尽可能完成讲学稿所列练习题，老师收阅后在课堂上展示学生讲学稿完成情况。师生集思广益，突破难点，归纳规律，进一步纠错并完成讲学稿全部内容，对于学生已经掌握的内容，老师不再讲。学生存好讲学稿以备复习之用。

（三）借鉴中外课堂教学研究成果，探索适合学生实际的教学模式

中国教育教学强调对基础知识的掌握，学生不断掌握新知识，教师发现并解决学生在接受新知识过程中存在的问题。

西方教育，特别是美国教育，强调培养学生的能力，如观察、思考、收集信息、获取资料等能力。美国教育对学生比较放任，不太重视学生对基础知识的掌握。美国教育是将没有问题的学生教育得有问题，如果学生提出的问题老师都回答不了，那算是非常成功，所以美国的学生年级越高，越富有创意，越会突发奇想。

如今，新一轮课程改革正在针对我国学生问题意识缺乏和创新实践能力不足这一问题寻找解决的办法。可见，借鉴中外课堂教学成果，探索适合学生实际的教学模式是非常必要的。

第三节　立足常规强管理，转变教学促提升

北京市第八中学亦庄分校成立于2011年9月，是在大兴区"优先发展，提高质量，优质均衡，改革创新"的教育发展思路下创办，由北京市第八中学承办的九年一贯制学校。学校遵循"着眼于未来，着力于素质"的指导思想，秉承"勤奋、进取、和谐、致美"的校训，以"志向高远，素质全面，基础扎实，特长明显"为育人目标。

一、学校现状分析与发展思路

学校现有29个教学班，在校生986人，教职工78人，其中市区级学科带头人、骨干教师9人，硕士研究生学历22人，约占30%，本科及以上学历占100%。教师平均年龄36岁，呈现高学历、年轻化的特点。生源来自亦庄第一批拆迁家庭和近几年新开发高端商品房、别墅区，家庭经济条件普遍较好，家长文化程度普遍较高，对子女有较高期待。学校周边教育生态较好，开发区名校承办的分校林立，竞争激烈，学校处于"逆水行舟，不进则退"的境地。

学校按照"强管理、提质量，抓常规、促发展，转教学、争一流"的总体发展思路，以狠抓育人质量为中心，以转变教与学的方式为重点，以严格落实"三规"和师资队伍建设为抓手，还原育人本质，回归教学本源，全面提升教学质量。

二、向管理要质量，营造良好的工作氛围

（一）牢固树立"课比天大"思想，全方位落实教学中心地位，强化质量意识

1. 塑造"课比天大"的文化认同与价值追求，要求全体干部、教师把站稳课堂、上好每一堂课当成工作中的大事来做。

2. 学校先后完善了绩效工资改革、年度绩效考核方案、中考奖励方案、教师评优评先程序、职称评审量化细则等，在教学环节和教学质量方面都加大了权重和奖励力度。

3. 学校出台了一系列教学管理措施，引导教师将精力聚焦于教学本身，真正做到"教学回归"。

（二）引入现代学校管理制度，强化干部队伍建设

1.坚持以全面目标计划体系为指导，以过程管理体系为核心，以全员业绩考评体系为保障，三个体系相互衔接，相互联系且闭合。在以人为本的管理思想上，坚持"三线"管理（校长负责管理，党组织监督管理，教代会民主管理），发挥"三制"作用（校长负责制、干部教师年度聘任制、绩效工资制），贯彻"三全"思想（全面贯彻教育方针、全面实施素质教育、全面提高教育质量），逐步形成管理内容目标化、管理过程程序化、管理系统风格化、管理手段现代化的管理模式。

2.重视顶层设计，优化干部队伍，用其所长，给中层管理者赋能，形成了分工明确、高效协作、运转流畅、信息共享的干部团队。

（三）搭建平台，打造过硬的教师队伍

1.专门成立教师发展中心，指导教师人人定目标，人人定个人发展规划，根据教师的特点和需求优化成长路线。

2.坚持走出去和请进来相结合的研修机制，教研团队研究常态化；聘请专家定期进校指导，积极推送优秀教师参加各级各类外出培训。

3.搭建多种平台展示教师风采。通过"共读、共研、共成长"读书分享，教师大讲堂"我的教育故事"分享会等，在交流中展示，在碰撞中提升。

三、抓规范，师生共成长

（一）立足细节抓常规，规范管理求实效

1.落实教学常规管理，规范教师教学行为。学校对备课、上课、

作业、检查、总结、课外活动和教学研究活动等提出具体的规范要求，使全体教师的教育教学有章可循，促使工作制度化、规范化和科学化。

2.完善各项检查制度，优化教学过程管理。要求教师提前备课，形成了提前备课制度。加强集体备课并及时记录，学校档案室定期对集体备课资料、成果等进行整理归档。教师每学期至少听课20节并记录，及时参与评课并给予反馈。学校领导及教务处采取抽查和普查相结合的方法，随时关注教师动态。

3.建立学校评教评学制度。每学年开展一次评教评学活动，将学生和家长反映的情况反馈给教师，便于教师反思改进。

4.做好考试质量分析。每次期中、期末测试后认真做好试卷分析，了解学生的闪光点和薄弱点。召开教学质量专题分析会找差距、研对策，精准把握教学起点和方向，因材施教。同时借助因人因才评价系统查看学生的发挥系数，诊断限制学生发挥出正常水平的制约因素。教师根据学生认知、潜力水平和学习规律，进一步制订教学方案。

5.定期开展各类听评课活动。学校每学期推出市区级学科带头人和骨干教师示范课、青年教师汇报课、教研组主题研究课和学校主题活动展示课，跨学科、跨学段听课评课，相互观摩，相互交流和学习，不断打磨一堂好课，努力打造优质课堂。

（二）不断研读课标与教材，扎实推进九年一贯跨学段的大教研活动

1.课标是纲，是教学引领，也是教学底线。学校组织教师研读课标，把握教学方向，稳守教学底线。坚持以教研组为单位组织教师研读教材，这样既有助于把握课堂，也有助于关注学生的"学"。

2.作为九年一贯制学校，中小学教学既要做好稳步衔接，又要关

注学段特点，在组建九年一贯大教研组的基础上，还特别组建小学学科大备课组，既保障了小学学科的学段特点，又有助于在中学教研组长的引领下构建学科培养目标。中小学大教研，学科之间贯通培养，成效初显。

3. 开展"我与学校共成长"系列教师沙龙主题活动，在座谈中碰撞思想。"我与学校共成长"活动让教师在交流中思考，在思考中前行。已开展的年级组长沙龙、教研组长和学带骨干沙龙、青年教师沙龙效果良好，反响热烈。

（三）组建教学资源库

学校以学科为单位组建教学资源库，形成校内教学资源的充分积累，最终达到巨人由自己塑造，巨人的肩膀大家一同站立，共建共享共发展的目标。

四、以生为本，构建"学为中心"的生本课堂

观念决定行动，要做到以生为本，构建"学为中心"的生本课堂，就要还原育人的本质。学校通过丰富多彩的课程和校园生活，帮助学生唤醒自我、发现自我，把学习过程还给学生，让学生在高阶的问题解决与思维方法层级进行自主性学习，最终积淀为一生受用的核心素养。学校在多样化的活动中引导学生找到学习的乐趣，探求学习的本质，如学生在语文古诗词吟诵与展示、读演经典著作《红岩》、英语戏剧展演、英语影视作品配音、走进博物馆、动手制作地球仪、小学传统文化伴我成长系列等活动中不断成长。

提升教学质量是每个学校发展过程中永恒的话题，学校会始终以

此为中心不断改进，不断提升。

第四节　"双减"政策背景下教育质量
提升的探索与实践

"双减"政策背景下，学校的办学生态发生了巨大变化，主要表现在校内提质和校外治理上，对立德树人、五育并举、核心素养、关键能力、面向全体、因材施教、学情诊断、优化作业等关键词的理解更加凸显。"双减"不仅是减负，更是回归教育初心，指向人的成长，目的就是要促进学生的全面发展和健康成长。聚焦课堂，优化作业，提高教育教学质量，促进课堂提质增效，成为每一所学校高质量发展的出发点和落脚点。

在推进"双减"政策时，学校对上级提出的硬性指标坚决执行和落实，包括作息时间、课时、课后辅导等。学校召开全体教师会、教研组长会、班主任会、党员会、年级会，开展"双减"大学习、大讨论活动，加大宣传和培训力度，在备课上课环节下功夫，在作业设计与管理上下功夫，在课后服务供给上下功夫，在教师成长上下功夫。

一、聚焦课堂，提升质量

学校聚焦课堂的目标是：在教师层面，人人上好课，堂堂是好课；在达成效果上，保证不同层次的学生学会、会学和学足；最终落脚点是激发学生的学习兴趣，引导学生自主学习、自主管理。

（一）落实规程，细化教学管理

学校依据市区级文件及学校实际，进一步完善了原有的教学基本要求，从规范课程建设、规范教材辅导、规范教学实施、规范课堂结构、规范教学秩序、规范作业管理、规范考试评价、规范教研工作和规范师德形象等九个方面制订了学校教学管理规程，提出了具体的规范和要求，学校教学管理工作更加规范化和科学化，保障了"双减"工作的落地。

学校通过每月教研组自查和教务处不定期检查等形式，做好规程中各项工作的落实。每月宣传1-2个备课组，梳理和总结落实"双减"工作的亮点做法，让老师们相互借鉴，让他们成为"双减"工作的创造者，促进了"双减"政策的全面落地。

（二）聚焦课堂，文化引领

学校努力创建"两个文化"建设，即创设"愉悦、自主、思辨"的课堂文化，创设"愉悦、奋进、互助"的教研组文化。

学期初，教研组长搜集每个教师在教学中遇到的问题和困惑，聚焦课堂，抓住课堂教学的有效问题，形成共性问题，学科教研组围绕这些共性问题开展一系列教学研究活动，如"双减"政策下的作业设计，课堂教学中小组合作学习，初中英语阅读教学策略和案例研究等。

校本教研在青年教师成长中发挥着重要作用，学校带领教师研读课标，把握教材，研究学情，精心设计问题与活动，精选作业，向常态课要质量。学校确定的教师培养目标是3年入门，6年达标，10年成熟，让每一位教师制订自身发展规划。青年教师只有走"教、学、研"之路，开展切实有效的行动研究，才能把教育教学工作上升到一定的理论高度。学校要求教师每学期读6本书籍，写4篇教育随笔，撰写课程纲要，上好3节课（展示课、研究课、献优课），撰写2篇优秀教学设计，听课不少于15节（要求写出1点优点、2点不足、3点建议），参加教研组1项小课题研究，编制2份试卷，做好1次总结发言，并通过"人人献课"活动进一步提升教学水平。

（三）项目推动，科研引领

学校借助北京教育学院协同创新项目"积极心理学视角下的学生发展指导能力提升"，三个子课题分别为"学习动机指导""学习策略指导"和"情绪发展指导与行为干预"，共有69名教师参与子课题，覆盖了全部年级和学科。成立3支由博士专家带领的研究团队，每月活动2次，让教师在学习交流中提升自己。通过专家讲座、行动研究、读书沙龙、课堂观察与诊断、案例研讨和课例打磨等主题教研活动，教师们在将近两年的学习实践中，提升了学习动机指导能力、学习策略指导能力和心理发展指导能力。

二、作业设计与管理要保障学生学会、会学

结合《北京市义务教育阶段教师优化作业的十条建议》，学校对作业设计和管理提出的总体目标是：控制时长，日日清，减量且提质。作业内容"一减一增"，减简单重复作业，增创新性、开放性作业。作业形式上实现分层作业，A层作业以夯实基础为目标，B层作业以基础题为主，适当拓展，C层作业以素质拓展为主，形成了研作业、备作业、留作业、批作业、评作业和反思作业的循环体系。

在作业管理上，进一步开发、完善作业设计和管理机制，建立相

关制度和量表，同时建立备课组、年级组、教务处三级作业管理相关机制，按年级设定学科作业内容、单科作业时长和作业总时长，形成一日一公示、一周一报备、一月一问卷、两月一检查、一期一回顾的作业管理体系。

学校提出布置作业要做到"四到位"，即基础性作业少而精到位，分层作业精准到位，弹性作业合理到位，个性化作业到位，保证学生学得会、学得足、学得好。学校充分发挥年级组、教研组、备课组的团队力量，基于学习目标，精选作业内容，提倡大单元作业设计。各组提炼出本学科的作业类型，统一作业设计，通过精选精练、分层作业、高效课堂等精心设计作业清单，增强作业的针对性、实效性、选择性和趣味性。学科教师根据学科特点和相关规定统一布置作业，学生在完成基础作业的基础上，如学有余力可以做一些挑战性作业。

丰富课后服务课程供给。学校坚持以学生发展为中心，整合课内课外资源，校内校外资源，丰富课程供给。学校课后服务做到学生全覆盖，教师全参与，课程全覆盖实现"纵横""分层"设计。

纵向一层，打破课内课外学科壁垒，总体统筹。整合学科实践课程与课后服务课程：一年级数学实践活动，二年级联想写话课程，三至六年级英语口语课程，一至六年级坚持识字写字阅读课程，拓展提升学生的学科素养。纵向二层，完成基础性作业，帮助有差异的学生。纵向三层，打破班级、年级壁垒，安排科技、体育、艺术社团课程，其中古诗词社团、绘本故事社团、书法社团等同时是对科技、体育、艺术的延伸与拓展。

横向答疑辅导 +N 课程，做到四梯度学业指导，即日日清，作业校内完成；按班级分学科开展学科实践活动；跨班级学科整体提升；跨班级年级，以学生骨干为主体，碎片化时间提升（自愿＋按需）。周一答疑辅导+德育主题教育活动，周三答疑辅导+校内大扫除，其他三天答疑辅导+科技、体育、艺术社团活动。课程实施双向选择，答疑辅导和体育锻炼穿插进行，努力实现五育并举，提升学生的综合素质和实践能力。

随着"双减"的落地，学校呈现出勃勃生机，教师们尽职尽责，学校教育教学质量稳步提升。有6名教师成长为大兴区兼职教研员，有6名教师录制教育部基础教育精品课，有3个课题立项为区级课题，学校道德与法治组被评为首批北京市中小学思政课示范基地。

学校管理的起点是人，终点还是人。每个人的身体里都住着一个天使和一个恶魔，良法善治能让天使起舞，让恶魔沉睡，反之则会激起人性里的恶。

在学校改革过程中，校长要感受学校的脉搏，跟着期望的节奏和师生的需求，汇集不同的意见和建议，创建一个和谐校园，实现学校的发展。正如李希贵校长所说：能用结构解决的就不用制度，能用制度解决的就不靠开会。结构改变是根本性改变，它一定是打破过去好多习惯，好多传统，是对一个组织里边不同部门的定位和不同岗位职责的重新梳理，是以目标为导向，一切为了学生成长。

第六章　语文教学研究

第一节　语文学习的秘诀

心理学研究表明：兴趣是影响学习效率的一个重要的心理因素。学习个体一旦对某种活动产生了兴趣，就会激发其积极的学习态度，推动其全身心地从事这项活动，从而提高学习效率。两千多年前，孔子就提出了"知之者不如好之者，好之者不如乐之者"的学习观，可见兴趣是最好的老师，兴趣是效率之源。教育家乌申斯基说过："没有丝毫兴趣的强制性学习，将会扼杀学生探求真理的欲望。"一个好的老师首先应该学会激发学生的学习兴趣，让学习成为一种享受而不是负担。那么，如何才能培养学生的学习兴趣呢？下面从几个方面谈谈我的看法。

一、营造良好的师生关系是培养学习兴趣的关键

古人云"亲其师，信其道"，在这一点上，我是走在最前沿的。早在2005年春天，我就说过："教师要树立良好的自身形象，使学生信服你，认为你是他在求学经历中遇到的最好的语文老师，值得尊敬，值得崇拜。这样学生就会自然而然地团结在你的周围，学生的学习积极

性就会提高，学生的能力就会得到最大限度的发掘，教学工作得以顺利开展，教学质量也就会得以提高。"语文课堂教学不仅传递知识，同时也伴随着心灵的接触，情感的交流。良好的师生关系能使学生积极配合老师的教学，在活跃的教学气氛中完成教学任务，达到预定的目的，收到预期效果。

如何建立良好的师生关系呢？

第一，教师自始至终要正确认识到，在教育教学中，教师和学生的地位是平等的，教师要亲近学生，和学生交朋友，同时也要让学生走近你。无论在课堂上还是在课后，我都非常愿意和学生交朋友，课堂上互相探讨学习中遇到的难题，课后一起聊学习，聊学生的快乐与烦恼。

第二，把情感教育带进课堂，丰富课堂的情感内涵。语文教师的施教对象是情感丰富的青少年，如果教师在课堂教学中情趣盎然，必能使学生情绪高涨，思维活跃，学得轻松愉快，产生微妙的情感体验。很多时候教师夸张的表情和动作往往能感染学生，从而带动学生情感的释放。

第三，课余时间多参加所教班级组织的活动，以培养感情。学校组织的运动会、体育比赛、联欢会等活动，都参与进来，使师生间能在方方面面都有了解。

二、精心设计导语，点燃学生的学习兴趣

良好的开端是成功的一半，一堂新课有一个好的开端，可以集中学生注意力，让学生产生"向而往之"的学习意识，点燃学生的学习兴趣。一个好的课文导语设计往往是成功授课的开始。我以前在讲《狼》这课时，让学生闭上眼睛，给他们描绘了一个场面："暮色渐浓，

你一个人穿行于森林之中，一股凉气侵袭全身，你不由得加快了脚步。突然，你发现前方绿光忽隐忽现，伴着一阵野兽的叫声，你意识到这是狼的叫声。你不想往前走了，当你还犹豫之时，那只狼已经出现在你的面前。"说到这里，有人发出了尖叫声。于是我让他们睁开眼睛，问他们该怎么办，然后我顺势引入了课文："有个屠户在毫无准备之时遇见了狼，而且是两只狼，他选择了哪种方式呢？"这样激起了同学们的好奇心。导入能紧扣课文内容，充分调动学生学习课文的积极性，引导他们以饱满的热情进入新课。

三、巧妙设计问题情境，引起学生的学习兴趣

古语云："学起于思，思起于疑。"思维是从问题开始的，学生学习时一旦遇到问题，他们的认知心理和惰性心理便活跃起来。教师在提问时要善于引发学生产生解决问题的愿望，恰当地运用提问的艺术有效调动学生学习的积极性和主动性，诱发兴趣。

四、运用现代技术，增强学生的学习兴趣

随着科学技术的发展，时代的进步，现代化的教学手段逐渐走入课堂，录音、录像、幻灯片等现代电化教学手段能打破时空限制，展现宏大与细微，让教学内容中涉及的人、事、景、物等活起来，动起来。如在讲授散文《听潮》时，我制作了展现海景的课件，在放映大海涨潮落潮景色画面的同时，配上海水涨潮退潮的声音，再伴以教师抑扬顿挫的朗读，在这种情境下，学生被深深地感染，真正领略了海的美。

五、提供成功机会，提高学生的学习兴趣

学生都有成功的需要，一旦这种需要得到满足，他们就会以愉快的情绪进行学习。

在赏析王维的诗句"大漠孤烟直，长河落日圆"时，学生纷纷谈了自己的理解。如有的同学认为"直"字表明诗人王维正直不阿的人品，"圆"字则暗指当时社会官场上大多数人的圆滑世故；随即又有同学进一步指出，大漠中的孤烟形容王维在当时颇受排挤、孤立无援却不改初衷的高尚节操，长河里的落日比喻腐朽势力已是夕阳近黄昏了，预示衰颓败落的结局。我大大地表扬了学生，因为他们能说出这些任何资料上都没有的新颖见解。

六、榜样在培养学生学习兴趣中起着不可或缺的作用

教师在教学中正确运用榜样事例和名人名言，能有效地培养学生的学习兴趣，顺利完成教学任务，起到事半功倍的作用。如何开展这一工作呢？我认为应从以下几个方面入手：

第一，在教室里张贴名人名言警句，以激发学生学习语文的豪情，如"最淡的墨水也胜过最强的记忆"；"知识好像沙砾下的泉水，掘得越深，泉水越清"；"努力耕耘，少问收获"……也可以让学生在黑板上轮流书写一些有哲理性的句子。

第二，利用相关课文的背景，经常宣讲一些名人的成功事例，激发学生的学习兴趣。由于故事感人，学生觉得生动有趣，语文基础好的学生备感振奋，语文基础差的学生也感受到语文课的趣味性。

如何培养学生学习语文的兴趣，是语文教师在教学活动中需要大力探讨和研究的。这在教学中的具体途径有很多，就看如何去运用，

我想在这方面是值得花大力气去思考、去探索的。

第二节　学生的情感因素在作文教学中的应用

一、除了知识，学生还需要感情

学生在学校中参与最多的是学习活动，可以说，在这里学习的概念是狭义的，指对知识的学习和技能的掌握。大多数学习活动在课堂上、在师生间进行，为了使学生快速地掌握知识，教师常常忽视学生的感情需要，把学生当成学知识的机器。这种观念一旦波及作文教学，就会使学生的写作走入僵硬干巴、无话可说的境地，没有任何兴趣。

其实，感情是人类最普遍最持久的需要，人类所有的活动都伴随着感情活动。比如，学生总对那些带有浓烈的感情色彩的课文记忆深，对一些发生在身边的对感情世界触动大的事念念不忘；母亲劳作的身影、父亲语重心长的教诲常让人不忘，原因就在于这些行为中包含着丰富的感情。

人类有一个容量极大的感情世界，有的教师会忘记它的存在，并不是说学生对教师的活动没有感情，只是有些淡漠，就像喝一杯白开水一样，没有引起感情大河的波澜，这样一来，教师的许多话就如过眼云烟，没有印象了。

学生在学校生活中的感情需要除了来自师生之间、学生之间的课外交流，更主要的还是课堂上，在教学中进行传达。教师不仅要在"教师教、学生学"这种关系上加倍努力，还要进行师生间情感的建立和交流，这样课堂上的学习活动就会在带有浓烈的感情色彩的情况下进行，学生的记忆和理解就会有更好的效果。

二、作文——情感宣泄的渠道

学生在学校生活和家庭生活中获得了许多感受，积聚久了就会形成一些反应，类似于"感时花溅泪，恨别鸟惊心"的具体反应，需要寻找释放感情的方式和对象，可以把这个过程称为宣泄。

无论哪种感情体验，学生的释放对象首先选择人，不管是老师还是同学，其次是物，各种各样的物，很少有别的东西，表达的方式也是直接的，面对面的，语言的和非语言的交流。

作文是一种带有强烈个性色彩的，不受时空限制的，不拘泥于任何固定模式的感情表达方式，如果引导学生从这个角度去写作文，那将是一条既省时又省力的轻便之路。

我无意否认文字、句子、章法等方面的训练，这些训练都是必要的，但不是目的，目的应是写出能真实地表达感情的作文，而写作技巧只是要宣泄的感情的载体。

在这里需要转变一个观念，就是学生写作能力的形成不是识字、释词、造句、片段连缀成篇的连续过程，有的学生直到大学毕业也写不出像样的文章，其中并不是字词的掌握量少，也不是造句能力弱，而是不会用作文来抒发感受。

古人云：文章本天成，妙手偶得之。这里"妙手"一词并非造句及连缀片段之高手，而是会跌宕起伏地运用感情的能力。

学生写作并非模仿，也不是连接词语，而是以语言为工具，以各种写作技巧为手段，去宣泄积聚于心灵深处的感情。学生是人，他们有自己对客观世界的认识，他们有权力表达自己的任何感受，接受了爱，就去爱人，受到不公平的对待，就去争取平等，但学生又不具备那么多的表达场合和时机，所以写作是一个主要渠道。

三、作文课的新思路

作文课需要改一改。老师讲一句，学生写一句，或者老师干脆写上若干题目，学生绞尽脑汁地憋，这些都应受到批判。

实际上，作文课不必一本正经地上，这样说也许会受到更加强烈的反对，不过我认为学生写作就是一种宣泄，要宣泄的东西就是生活中积聚的情感，上作文课就是找缺口，把学生的情引出来，释放出火花，这样作文课的上法就和让学生学到知识、掌握技能的课的上法有了根本区别。可以说，作文课是让学生爱，让学生恨，让学生直抒胸臆，真实地寻找自我的课。

确切地说，作文课不是单独地上，而是在任何一节课中都进行着的，每节课的一切活动都可能成为写作素材，每节课的内容和教学活动引发的各种感受又可能成为学生写作的动力和目的。这样一来，所有的教师都是作文教师，每位教师都在客观上对学生的写作有所帮助。

这样一来，作文课是否就可以取缔了呢？不，不仅不能取缔，而且要加强。众所周知，写作是一种高级精神活动，写作时，学生始终在自己的精神领域内活动，充满回忆和想象，学生经常根据自己的喜好来选择或重新安排生活中的许多事情，还要加入自己独创的背景，这一切都是为了更好地释放自己的情感。写作时，学生身在此地，心在彼地，有的教师认为在这种状态下写出来的文章不真实。实际上，文学作品虽有描摹生活的情形，但完全真实是不存在的，因为一个人在叙述某件事时或多或少会有遗漏或改编，所谓的真实与否，只是对作品本身的初步认识，并不是将作品和生活画等号。

四、建立一个充满感情的空间

如果说学生是一个感情储藏库，那么作文课就是使学生的感情聚集、膨胀、有待宣泄的准备过程，就应是一个充满感情的空间。

在作文课上，教师的任务不仅是出一个作文题目，一句一句地教学生写，还要把学生那些散落在各个具体事件、具体地点、具体时间里的情感调动起来，汇聚起来，形成蓄势待发的状态。

这需要教师做大量的准备工作，不仅要深入了解学生，而且要有真正体验，要类似走上舞台的演员一样迅速进入角色。

作文课伊始，教师就要以整个教室作为舞台，把自己和学生当成演员，用写作时的真实感受和经历演一场生动、丰富多彩的戏。教师把要让学生写的作文编成一个剧本，用台词、动作和表情把学生导入其中，学生受到教师讲述的人、事、景的感染，分别把自己相似的经历、记忆和感受与教师的讲述融为一体，一个对课文理解得较深的教师在讲课时常常达到这种状态，这时教师和学生的感情都处于亢奋之中，只不过亢奋的原因各有不同。教室是个充满感情的空间，学生沉浸在对往事的回忆中，此时教师导演并率先演出然后学生群起加入的戏进入高潮。

教师这时可以用提问的方式让学生各抒己见，因为对于写作来讲，答案并非只有一个，教师可以将几个答案相互对比，让学生来选择，从而拓宽表达方式的渠道。

教师教写作和学生写作文从某种意义上来讲都是一种高级的精神活动，教师把自己的精神活动分解开来，把体验和感受一并用充满感情的语言来叙述，学生在教师提问时迅速进入教师用语言塑造的时空中，在教师的讲述中学生完成了选材、剪裁等环节。

讲课戛然而止，学生感到不写出一些什么就不行，感情不可抑制，此时提笔效果最佳。

感情宣泄是人类共有的活动，对学生来讲，让他们把自己的爱憎用作文表达出来，是其健康成长、形成健全人格、锻炼写作能力、更好地适应生活的必要方法。

第三节　以读促学：现代诗歌教学模式探索

现代诗歌难教，这恐怕是大多数语文教师的共同认识。每当教授现代诗歌时，我就尝试各种改革，效果甚微。有一次，我拜读了北京教育丛书系列中的《语文课中的朗读教学》（张连元、刘忠田著），两位老师从朗读技巧和朗读达到的效果两大方面为我的教学打开了一扇窗，让我豁然开朗，于是我以朗读为切入口改革我的现代诗歌教学，取得了一定的成效。

诗歌朗读是一种操作性很强的行为，要想改变现代诗歌朗读教学畸形落后之现状，必须在教学策略上下功夫，下面以《乡愁》为例，说说我在现代诗歌朗读教学中的探索。

一、以诵读为载体走进文本

诵读是解读诗歌的敲门砖，只有对诗歌进行反复诵读，才能真正走进解读诗歌的艺术殿堂。《乡愁》是一首新格律诗，也可以说是一篇带有淡淡哀伤情思的美文，我将这节课的重点放在诵读上，让学生在诵读过程中整体把握和感知诗歌，通过诵读培养和提高学生理解诗歌的能力，同时采用以下几个环节进行朗读训练：学生朗读——听老师范读——边读边想象（自由朗读）——在想象中再感悟（齐读）。

1. 注重朗读技巧的指导

课堂上，我特别加强了"指导朗读"这个环节，主要是读出感情、节奏和重音，注意语速、语调等。张连元老师和刘忠田老师指出："朗读技巧教学靠灌输不行，因为学生未形成'内化'，就不能灵活运用，更不能引发创新；……朗读技巧教学必须在范读、模仿的前提下鼓励学生对朗读进行'探索'，即创设问题情境，引发学生求知的需要，以探索的态度和方法学习朗读技巧。"

在老师范读的影响下，学生有的学着老师的腔调读得如痴如醉，有的进行创造性朗读，展示着自己的个性。朗读给学生创设了一个轻松愉悦的课堂氛围，学生从语言的节奏、韵律中感受到学习语文的乐趣。琅琅的读书声回荡在课堂上，学生在诵读中体味诗歌的美感，培养自己的语感。

在朗读时，我有意识地创设一些问题情境，在教师范读和学生朗读的比较中，让学生发现自己存在的问题，并在别人朗读时大胆地纠正，极大地调动了学生的探索热情并巩固了朗读技巧。

2. 结合作者的思想感情，做到形式和内容的和谐统一

张连元老师和刘忠田老师指出："朗读艺术的内容与形式本来就是统一而相辅相成、相得益彰的。"在指导朗读时，我给学生讲了结构美、旋律美和音韵美，把作者写诗的特有思想感情做了介绍：余光中先生写乡愁之情，不是抒写一般游子的思乡之情，而是抒写在特殊情况下漂流到孤岛上去的千千万万人的思乡情怀。

二、以读促学，培养学生的语文能力

1. 在朗读中质疑、创新

所谓以读促学教学模式，就是指通过朗读、默读等教学手段，让学生去感知、去沉思、去感悟、去创新，以达到明其意、动其情、见其形的目的，让学生在边读边思、边读边赏中去发现美、感受美和创造美。教师进一步指导学生正确理解和运用语言，使他们具有适应实际需要的现代文阅读能力、写作能力和口语交际能力，具有初步的文学鉴赏能力。

教师在朗读中培养学生去质疑、去创新，将朗读与自主、合作、探究的学习模式结合起来，实现师生互动、教学相长，让学生在诵读过程中整体把握和感知文章，培养和提高学生诵读和理解文章的能力，培养学生的鉴赏能力，培养口语交际、写作能力，并能促美育、促个性、促创新，从而全面提高学生的语文素养。

《乡愁》的语言很美，通过品味富有表现力的语言，学生能深刻地感受到蕴藏在字里行间的真情实感。在这一环节，学生分组讨论，结合对词语的品析简单描述想象到的画面，充分体现了自主、合作的精神，既有个人见解，又有集体智慧，各抒己见，互相交流，挖掘了内在潜能。学生入情后，在品词析句时不断有新发现，并能用恰当的语言表达出来。学生先去发现，然后说出依据，思维就会被激活。学生的发现主要表现在两方面：一是诗歌的层次结构，二是诗歌的立意。用时空的变化顺序来组诗，使这首诗的层次非常清楚；由对家人的思念上升到对祖国大陆的思念，正是作者思想感情的升华。

2.在朗读中去体验美、感受美和创造美

余光中的《乡愁》选择了特定历史时期的四个意象，这些意象都是诗人精心挑选的，表达了千万游子的思乡之情，表达了他们期望祖国统一大业尽快实现的心情。在思乡一节，维系母子深情的纽带是小小的邮票，这邮票就是第一节的意象。老师介绍完第一节的意象后，学生迅速找出下面各节的意象，即思乡一节是邮票，思情一节是寄托思恋的船票，思亲一节是寻找母爱的坟墓，思国一节是骨肉分离的鸿沟——海峡。之后，结合作者的生活，老师讲解为什么以这些事物作为意象来写。诗的前三节思念的都是女性，到最后一节想到了祖国大陆这个"最伟大的母亲"，于是意境和思路便豁然开朗，有了"乡愁是一弯浅浅的海峡"一句。《乡愁》一诗正是从广远的时空中提炼了四个意象，明朗、集中、强烈、无堆砌之嫌，而且更含蓄、有张力，能诱发读者多方面的联想。全诗以时间为线，把四个意象巧妙地组合在一起，概括了诗人漫长的生活经历和对祖国大陆的绵绵怀念。

引导学生在诵读中去理解、去感受、去感悟，激发学生的想象，学生在自己的头脑里，按照各自的审美标准，对作品所塑造的意境进行审美再现，从而产生"登山则情满于山，观海则意溢于海"的审美感动。

三、在诵读与练笔中学生充满收获地走出文本

张连元老师和刘忠田老师指出："只要学生在朗读准备中抓住了作品正反两方面的思想感情，就会自然地联系自己的思想感情进行对照，也就自然受到感染或引起共鸣，受到潜移默化的教育。"

在最后环节，我安排了一个仿写的练笔，让学生仿照余光中《乡愁》的句式写一写童年。学生即兴写诗，借助诗歌这种形式来表达自

己的人生体验。学生对生活的独特感受是他们积累的宝贵财富，当他们的生活体验被引发时，情感就会自然地抒发出来，而不是刻意地模仿。这个练习的目的不在于学生能写出多么富有韵味的诗句，而是在于表达自己对人生的独特感受和真切体验。

总之，只要教师能够正确认识朗读教学，提高自身的朗读水平，精心地指导学生朗读，科学地进行朗读教学，使师生的朗读具有声情并茂的节奏，和谐婉转的韵律，呈现出作品的声音美和神韵美，就能为语文的教、学及运用奠定牢固的基础。

在《乡愁》的教学设计中，我把《语文课中的朗读教学》思想渗透其中，始终以诵读为载体，在诵读中理解感悟，在诵读中拓展延伸，学生学得轻松、学得有趣、学得主动，很有成效。我在教学中注意抓住关键词句去理解体悟文本内涵，始终保持对文章语言的品析与主旨的挖掘的一致性，从知识与能力、过程与方法、情感态度与价值观的维度让学生有了全面发展，在诵读中学生既体味了语言，又联系实际，培养了高尚的道德情操。

第七章 家庭教育

第一节 家庭教育现状及教育对策

家庭是孩子的第一所学校，父母是孩子的第一任教师，对孩子的教育而言，家庭教育、学校教育、社会教育缺一不可，其中家庭教育尤为重要，孩子最初的启蒙和良好习惯的养成都是通过家庭教育来达成的。

孩子的性格和才能，归根到底受到家庭特别是父母的影响最深。家庭教育既是摇篮教育，也是终身教育。家庭教育因其特殊的地位和影响，在大教育系统工程中起着举足轻重的作用。

近年来，由于家庭教育方面存在一些问题，作为一名教育工作者，我产生了许多困惑：为什么现在许多孩子学习挺好，但动手能力不尽如人意呢？为什么现在许多孩子多才多艺，但心理素质亟待提高呢？为什么现在许多孩子在学校是乖乖娃，在家里却成了小霸王？发生在学生身上的种种现象，不能不引起教育工作者的深思。

一、家庭教育现状

学生良好行为习惯的养成，是良好的学校教育与良好的家庭教育密切配合的结果，然而教师常常会发出这样的感慨：学校辛辛苦苦教育了一周，难以抵挡家庭消极教育一天。

现状之一：家长教育方法有失偏颇。深入分析、研究家长的心态和行为后发现，当前的家庭教育方式主要有以下几种类型：

（一）望子成龙型

这是典型的中国式家庭教育，占有相当大的比重。家长常常把自身成长过程中的种种遗憾，用最美好的希望寄托到孩子身上，因而对孩子成才的期望值较高。具体表现在：

1. 重视分数。孩子不好好学习是家长最棘手的问题，孩子的功课分数是家长最关心的话题，学而优则奖，已成为许多家长鼓励子女学习的常用手段，学习至上、成绩至上成为孩子的唯一目标。于是，家长包办、代替孩子的家务劳动，一是心疼孩子，不肯过早地把责任加在孩子身上；二是不屑于让孩子干家务，怕影响孩子学习。倘若孩子考了好分数，家里便是"阳光灿烂的日子"；倘若孩子考差了，家长几天都没有笑容。

2. 舍得投资。不少家长为子女请家教、买资料或者亲自辅导，心甘情愿地吃苦受累，目的只有一个——一切为了孩子，一切为了孩子的学习，一切为了孩子的分数。除了叮嘱孩子学好学校的功课以外，还在课余时间陪孩子参加作文班、书法班、英语班、美术班、音乐班……在家长的心目中，这完全是一种责任。

（二）顺其自然型

有的家长是因为懂得遵循教育规律而理智地采取了这种教育方式，但更多的家长则是因为忙于工作而无暇顾及孩子，或因为自身的局限而无奈放弃。具体表现为：

1. "代理家长"现象较为普遍。许多家长把教育子女的事情让位于祖父母或外祖父母等，于是长辈们的晚年生活都以孩子为中心和轴心，吃什么、穿什么、用什么时时刻刻牵动着长辈们的心，长辈们那特别的爱使得孩子普遍缺乏生活经验，自我服务能力差，热衷于自我设计，缺乏责任感。孩子的不良行为和习惯就在长辈们无微不至的关爱中滋生了。

2. 心有余而力不足。家长希望孩子成长、成才，然而强烈的希望和教育方法之间差距实在太大，一个可以领导成千上万人的企业家，却不能说服家里的一个"宝贝"，找老师告状、诉苦并非个别现象。家长常常感叹，在子女面前，教育无从下手，让人伤透了脑筋。

家庭教育的超现实性和不一致性是造成望子成龙型和顺其自然型家庭教育方式的主要原因。所谓超现实性，是指家长对待孩子极为严厉，他们不能正确、客观地看待和教育自己的子女，往往有过高的估计和希望，常常用邻居、同事家孩子的优点去评判自己孩子的成败，从而导致孩子心理上的不平衡。

所谓不一致性，是指家长在现实生活中往往忽视教育的点点滴滴，如针对顶嘴、自私、不招呼客人、不孝敬老人等行为，有的家长往往放松了对孩子的要求，长此以往，孩子养成了一些不良习惯，家长一朝醒悟，招数使尽也束手无策，于是出现了学校里的乖乖娃成了家里的小霸王的异常现象。

现状之二：孩子的表现不尽如人意。由于受到原生家庭、社会不良风气的影响，学生在学习和生活中表现出种种令人担忧的"怪圈"行为。

"怪圈"之一：崇拜金钱。在市场经济高度发展的今天，部分学生对金钱越来越渴望，学生的口袋里或多或少都装有零花钱。据调查，半数以上的学生拥有个人存款，少则几百，多则几千。学生手中有了钱，请同学吃零食、互相赠送礼物等现象随之出现，甚至出现了个别学生花钱请人做作业、做校园清洁的现象，这些不良现象的产生与崇拜金钱有着密切的联系。

"怪圈"之二：浪费钱物。通过调查后发现，学生经济收益的主要渠道有：

（1）考试成绩"达标"后的"奖金"；

（2）替家长买东西时剩余的零钱；

（3）家长每天给孩子的早餐费和车费；

（4）亲戚朋友赠送的钱物……

在学生眼里，这一切的获得较为容易，因而浪费钱物的现象十分严重。他们可以随意浪费食物，可以随心所欲地更换文具，衣服鞋帽不时髦、不新潮就被打入"冷宫"。

"怪圈"之三：流行享乐。有的学生对生活十分挑剔：吃的要精细营养，穿的要新潮高档，用的要新奇漂亮；有的学生懒得走路，打的回家让父母付钱；有的学生在家里过的是饭来张口、衣来伸手的生活。

"怪圈"之四：唯我独尊。有的学生缺少互爱精神，对别人、集体的事漠不关心；缺乏平等、公正的意识，对损害别人利益的事无动于衷。

以上在学生中出现的种种"怪圈"，真实地反映了现实社会中的一些不良意识正在潜移默化地污染着学生的心灵。为了孩子健康成长，学校、家庭和社会需要共同努力，对家庭教育进行指导和帮助。

二、家庭教育对策

（一）对策之一：重视教育合力的形成

只有学校教育和家庭教育形成了合力，教育效果才会事半功倍。

学校要充分利用家长开放日，利用现代教育和素质教育的观点，全面指导家庭教育。

1.指导家长信任孩子。孩子是新生力量，相信孩子就是相信自己，每个家长都应该对孩子充满信心。

2.指导家长赏识孩子。孩子是培养教育的对象，不要把孩子当宠物，不要剥夺孩子的自主权。赏识孩子所做的一切努力，赏识孩子取得的点滴进步，甚至要学会赏识孩子的失败，让孩子感受到家长是永远的后盾。学校和家庭密切配合，及时反馈，树立榜样，找出差距，再教育，再实践，从根本上改变校内教育"包打天下"的被动局面。

（二）对策之二：重视家庭活动的开展

生动、活泼的活动是孩子们最感兴趣的，教师可以以传统节日为契机，开展丰富多彩的家庭活动，如春节期间开展"受欢迎的小客人，受称赞的小主人"实践活动；妇女节、重阳节期间开展"妈妈好""祝福老人"等情感活动；在中秋节期间开展"我爱我家"系列活动……在活动中，家长以情感为桥梁，以亲情为纽带，适时对孩子进行教育，一定会收到意想不到的效果。

（三）对策之三：重视和睦家庭的建立

父母应该精心地营造能让孩子身心健康成长的家庭环境。父母应该言传身教，引领孩子关注生活细节，让孩子沐浴在和谐、健康、宽松的家庭氛围中；培养孩子活泼、开朗、勇敢、进取的性格，培养孩子良好的公民意识和社会责任感，培养孩子树立平等、契约、宽容、创新、共生的现代意识，让孩子懂得要想成才先要成人的道理。

重视家庭教育是现代教育的必然要求，也是学校实施素质教育成败的关键所在，学校有义务、有能力对家庭教育进行适时、适当的指导。为了共同的目标，学校和家庭必须心往一处想，劲往一处使，只有这样，教育效果才能更好。

第二节　如何定位家长角色

一、家长的角色定位

家长除了是学生生活起居的照料者、成长过程中的法定监护人之外，更是教育工作中的合作伙伴，是学校教育学生过程中的社会人力资源的组成部分。

依照社会学的观点，合作伙伴之间应当有着共同的利益追求。我认为学校和家长这一对合作伙伴的共同利益非常一致，都是要力争将受教育对象培养成符合社会需求的人才。这个共同的利益追求具有特殊性，因为这个"流水线"上的"产品"是活生生的"社会人"。这一利益追求决定了家长不仅要为下一代的成长提供必要的物质保证，还要教育孩子如何做人；同时决定了学校除了要向学生"传道授业"，更要重视"解惑"，重视"育人"工作，以保证向社会输送的人有健全的人格。家长和学校对受教育对象要给予最大程度的爱心，共同的利益追求决定了家长是学校教育工作最忠诚的合作伙伴。

基于这样的认识，我认为学校管理者（校领导）、教育者（教师）与家长之间，除了要遵守人际交往中应当相互尊重、以诚相待的社会准则之外，还应努力做到相互体谅、精诚合作，尽量建立畅通的沟通渠道，尽可能达成教育观念、教育方法等方面的共识，最终双方共同形成对学生进行教育的合力。

家长还是学校教育学生过程中的社会人力资源的组成部分。所谓人力资源，是指家长在社会中从事着各种各样的工作，他们所受教育的程度、他们的身份与地位决定了他们能为学校提供丰富的、可以充分利用的教育资源，甚至他们自身就是教育资源之一，例如学校聘请有能力的家长为学生开设（或协助开设）各种学习讲座等。总之，家长完全可以以教育者的身份介入学校的教育教学活动，他们是一笔丰厚的社会人力资源。学校作为对学生开展教育活动的组织者，应当下大力气对此资源进行整合。

二、家校共育遵循的原则

摆正了教育者和家长的位置，工作中我要求自己与家长合作时遵循十二字原则：平等、尊重，友善、诚恳，沟通、合作。平等与尊重是前提，友善与诚恳是态度，沟通与合作是方式方法。

学校与家长之间的沟通有多种渠道，家长会是渠道之一。我理想中的家长会依然应当本着上述十二字原则。家长会不应当是教师向家长发牢骚、满腹抱怨的会，不应当是居高临下给家长布置任务的会，不应当是简简单单通报情况的会，不应当是板起面孔只是说教的会……家长会的确应该及时向家长通报教育教学工作进展与现状，但更应该是诚恳平和的交心会，学生成绩的展示会，教育方法的交流会，教育对策的研讨会……总之，家长会应当是教师和家长一同坐下来进行有效沟通、进一步加强坦诚合作的会议，意义非同寻常。如何开好家长会？这里归根结底存在着教师如何转变自身的教育观念、摆正自己在教育工作中的位置的问题。

三、与家长有效沟通的策略

态度决定一切。如果教师的位置端正了，那么与家长有效沟通、求得最佳沟通效果等问题就解决了一大半。教师与家长之间地位上平等了，教师的态度诚恳了，动机与表达方式友善了，会自然而然地形成良好的沟通环境与氛围。

当然，这里还存在说话技巧问题。比如：如何表达才能既委婉又语意明确？如何表达才能既考虑到家长的自尊心与心理承受能力，又能让家长正视孩子存在的问题？如何表达才能激发家长参与学校教育教学的热情，使其从根本上支持和维护教师对学生采取的必要教育手段？说话技巧问题虽然属于语文学科口语交际研究的范畴，但绝对应当是教师必须深入研究的问题，训练说话技巧是教师必须提高的自身素养。

家长会上，任课教师除了向家长通报教学进展，还能做什么呢？

第一，谈对学生的认识。我真心喜欢班里的每一个学生，他们的朝气、他们太阳般灿烂的笑脸一直是我快乐的源泉，于是我真切地跟家长们谈我的感受。我结合平时的点滴小事细数每个孩子身上的闪光点，告诉家长我对孩子的印象。因为我满怀着对孩子们的爱，平时多留意了他们的优点，这时与家长的沟通就能格外放大这些闪光点。放大孩子们的闪光点本身并不是目的，这样做是要让家长了解孩子们的进步，了解他们在家庭环境里所不能了解的细节，了解孩子们在学校中学习语文的状态。我认为谈对学生的认识是与家长进行有效沟通的良好开端。

第二，树立学生中的榜样。只谈对学生的认识还不够，还应当明确树立孩子们应当学习的榜样，这些榜样其实每个孩子都知道，也要让家长知道。为家长明确榜样要有实例，不能仅看表扬名单。

第三，给家长提出积极的建议。

第三节 单亲家庭教育现状及对策研究

家庭是一种以血缘为基础、具有情感纽带的社会单元，是发展人类个性的最重要的场所。从20世纪开始，家庭在世界范围内越来越多样化，出现了如收养家庭、寄养家庭、单亲家庭、同性家庭等多元的家庭形态。家庭是未成年人生活时间最长、最重要的生活场所，因此，家庭教育是塑造未成年人健康心理和行为的首要因素。我国的单亲家庭教育目前还不尽如人意，如有的单亲家庭因精力、经济、心理等方面的问题，对子女的家庭教育漠不关心，从而产生了一系列的社会问题。

一、单亲家庭教育面临的困境

（一）时间不足，精力有限

单亲家庭的家长独自支撑着家庭，既要照顾子女，又要工作，精力、体力消耗很大，所以只能有所侧重。一般情况下，家长为了维持生计，只能减少教育子女的精力与时间。

（二）家长心理问题严重

人的情绪好，做起事来就精神饱满，干劲十足；人的情绪低落，就开始懒怠。人失去配偶后（不管是离异还是死亡），可能会对心理造成一定的伤害，有些人经过一段时间能够尽快调整过来，也有人很长时间无法调整好心情，甚至形成病态心理。

（三）家长的教育方法失当

心理和生活上巨大的压力使得部分单亲家庭家长在家庭教育方面

出现失误，有的在子女面前任意发泄自己的情绪；有的自己心情不好，对孩子或是懒得管理，不能尽到父母教育子女的责任，或是教育方式简单粗暴，甚至失去理智，拿孩子当出气筒；也有的父母为弥补婚变给孩子带来的心理创伤，对孩子百依百顺，有求必应，殊不知溺爱会严重妨碍孩子心理的健康成长。

以上这些都可能导致孩子学习成绩、身体素质的下降。任何不适当的教育方式都容易导致单亲家庭子女的性格出现缺陷，其中消极的影响是不可估量的。

二、单亲家庭子女不良心理表现及克服对策

单亲家庭的孩子容易产生抑郁、恐惧、焦虑、嫉妒等不良情绪，因此，老师与家长只有充分分析孩子不良心理产生的原因，帮助他们走出阴影，排除心理压力，才能使他们轻松愉快地健康成长。单亲家庭子女容易产生的不良心理主要有以下几种形式：

（一）胆怯心理

1. 缺乏母爱型

孩子最恐惧的是被遗弃，如果一个孩子幼年时期的家庭教育缺乏或失去母爱，他内心会充满恐惧，日后会变得胆小怯弱，甚至容易产生被惩罚、被遗弃、被伤害的心理现象。

要消除单亲家庭孩子内心的恐惧，家长和老师就应该时时细心留意他们的不安情绪，及时给予安抚，并设法给予适当的爱护，消除他们的不安。

2. 缺乏信心型

令孩子产生胆怯心理的另一个原因是以往失败的经历让其失去了自信。单亲家庭孩子由于父母离异或亡故，心理上曾遭受沉重的打击，有一种挫败感，严重缺乏自信心。当他们在生活中偶尔犯错时，家长和老师不要责骂，在可以承受的范围内，忽略他们的过失，可以不追究的就不要追究。如果孩子每次都因为失败而感到不安，就一定要多给予他们安慰，用简单的话语向他们解释失败是每个人都会经历的，并主动帮助他们分析失败的原因，给予他们再次尝试的机会，帮孩子找回信心。若有成就，应对他们加以称赞，帮他们树立起自信心。

3. 缺乏安全感型

单亲家庭的孩子一旦割裂了与父（母）亲的联系，固有生活中的安全感就被打破了，他会感到不安全。一个没有安全感的孩子，面对挫折和人群时会常常感到被抛弃，所以他做事时首先会考虑如何避免被抛弃，而不是想着要如何努力去面对挫折。有过分离经历的孩子，分离焦虑会比别的孩子更严重，多数情绪控制能力会弱一些或者更淡漠一些，这时家长和老师要提供无条件的爱，让孩子感受到安全，感受到被需要。

（二）忧郁心理

1. 心理性丢失型

失去了母亲，也就失去了感情上依恋的对象，这种情感上的失落就是心理性丢失，儿童早期的心理性丢失会影响以后的行为。

从小失去母爱或在婴幼儿时期对母亲的依恋没有得到满足，孩子长大后在生活中遇到其他丢失情况时，就很容易退回到早期出现过的丢失体验中。如果孩子考试没有考好，失去了老师表扬的机会，这种荣誉感的丢失可能会引起孩子回到失去母亲的悲伤中去。这种孩子的挫折承受力比较弱，很小的误会或者挫折都会引起他们很强烈的心理反应，使他们终日沉浸在失去母亲的伤痛之中。

2. 兴趣缺乏型

如果孩子心情愉快，无忧无虑，就容易调动智力活动的积极性，易于在大脑皮层形成兴奋中心，这种良好的状态反过来又能激发孩子更大的兴趣，从而形成一种良性循环。相反，如果孩子在烦恼、焦虑、担心、忧虑等情绪下学习，就会压抑智力活动的积极性和主动性，其感知、记忆、思维、想象、注意等认知机能受到阻碍，同时这种被动的参与过程又会降低孩子再次参与的兴趣，这就会导致情绪的极度低落。

单亲家庭的孩子由于受到过一定的心理伤害，又由于家庭教育的残缺，容易造成兴趣缺乏等问题，继而产生严重的忧郁心理。

（三）孤独心理

1. 不合群型

有些单亲家庭的孩子敏感、不合群，不愿意与同龄人交往，或不容易被同龄人接受，可能是因为害怕遭到别人的嘲弄，或是害怕别人看不起自己，所以他们采取了逃避的方式，这对孩子的成长极为不利。从人的社会化角度出发，合群心理的形成不仅是满足孩子心理发展和培养交往能力的需要，也是形成社会意识、群体规范的需要。

2. "唯我人格"型

单亲家庭子女"唯我人格"的主要表现是自私、冷酷、残忍、内向、孤僻、自我过分膨胀、自尊过于强烈、挫折承受力弱等，这是由于家庭长期的封闭式教育使孩子脱离了现实生活，孩子接触社会后发现，社会中的"现实规范"与学校灌输的"理想规范"之间存在着强烈反差，会感到茫然若失，无所适从，从而产生心理上的错位，其实这就是孤独对孩子心理的影响。

三、单亲家庭子女行为类型分析

单亲家庭子女在行为上有一些共同特性，根据他们的行为表现大致可分为以下几种类型：

第一，忧郁型。多数单亲家庭子女属于这一类型。由于自卑，感到抬不起头，喜欢独处，不愿意和同学交往，少言寡语，胆小怕事，整天生活在一个孤独的城堡里。

第二，散漫型。缺乏教育和监管能力的单亲家庭子女容易表现为这一类型。行为表现为无组织、无纪律，想干什么就干什么，我行我素，自控能力差，经常迟到或旷课，爱说谎话，对老师的批评不予理睬，缺乏上进心，对集体漠不关心。

第三，多疑型。为数不少的单亲家庭子女属于这一类型。由于多疑，对任何事物都持怀疑态度，逆反心理严重，表现为情绪不稳定，喜怒无常，常因一些小事和同学争吵，甚至大打出手。学习凭兴趣，对老师的表扬和批评麻木不仁，缺乏集体荣誉感。

第四，霸道型。隔代抚养，或溺爱，或缺乏监管、教育能力，沾染了社会不良习气的单亲家庭子女属于这一类型。由于缺少管教，从小养成了骄横的习气，处处以自我为中心，法制观念淡薄。个别孩子由于交友不慎，沾染上不良习气，容易走上违法犯罪的道路。

四、家长科学引导子女，消除不利影响

单亲家庭的家长必须面对现实，并且从以下几个方面努力消除一些不利因素对孩子成长的影响，使单亲家庭的孩子能够像其他孩子一样健康成长。

（一）引导孩子对家庭环境有正确的认识

孩子是最敏感的，家里有任何一点风吹草动，都能清晰地感受到，所以不要企图隐瞒发生了什么，那样会增加孩子的不安，使其失去对大人的信任。作为家庭的一员，孩子有权力知道与自己有关的事情，真诚面对孩子提出的问题，告诉孩子家庭的确发生了一些变化，同时也要让孩子懂得，父母仍然像以前一样爱着他。

（二）不要在孩子面前讲另一方的坏话

可以直接告诉孩子，父母无法相处了，但是绝对不要对原配偶做出任何评判，尤其是在孩子面前。

（三）让孩子与家长共同承担家庭责任

父母要避免对孩子有补偿心态，不要过度补偿、溺爱孩子，要像对待正常家庭的孩子一样。物质补偿和娇惯都无法替代孩子精神上的缺失，相反可能是孩子任性、走向暴力的原因。单亲家庭的孩子只有更早地承担起家庭的责任，才能走向成熟。

（四）父母避免产生受害者的心态

父母最好不要向孩子控告对方的无情和不负责任，不要试图将自己的创伤作为孩子今后成长的借鉴，孩子需要从更客观的角度去看待

世界，他们有自己探索和憧憬的权力。

五、改善学校环境，帮助单亲家庭学生健康成长

有的单亲家庭学生与正常家庭学生相比，在性格、情绪、意志品质、情感理想、人际交往、自我意识等方面存在某些偏差，学校应该正视这一问题，并且采取有效措施帮助这样的单亲家庭学生健康成长。

（一）学校对单亲家庭学生教育的原则

1.在全面了解的基础上深入理解这些孩子。学校只有理解了单亲家庭学生的苦楚，才会产生宽容心，才会更多地关爱他们。现在的在校生大多是独生子女，他们从生下来就生活在父母的百般呵护下，一旦家庭发生变故，父母的关注产生偏离，他们忽然发现自己不再重要，容易产生心理失衡，做出各种异常行为。

2.关心、爱护每个学生，要对单亲家庭学生给予更多的关爱和温暖，通过经常谈话和心理辅导进行师生间的心理沟通，帮助他们解开心中的疙瘩，解决生活和学习中遇到的困难。

3.注意引导单亲家庭子女积极参加集体活动，创造条件让他们充分展示自己的才华，从而逐渐消除自卑的意识和性格上的弱点，并在集体活动中学会友好相处，学会与人合作。

4.针对单亲家庭子女的不同个性，学校要与家长密切配合，让家长了解自己的子女，在家庭中给予孩子更多的温暖，让家长不要将自己的痛苦和烦恼在孩子面前过多暴露，给他们带来不应有的压力。学校要提醒家长注意改变传统作风，多听取孩子的意见，遇事多与孩子商量，使孩子感受到父母的关爱和家庭的幸福。

（二）教师对单亲家庭学生的心理调适

对单亲家庭学生而言，他们更渴望老师无私的爱。老师怎么做才能获得单亲家庭学生的理解，从而更好地帮助他们进步呢？

关爱单亲家庭学生，最重要的是想方设法帮助他们走上健康的人生之路，根据单亲家庭学生的心理特点，教师可以从以下三方面帮助他们：

1. 走出自我封闭的小圈子

部分单亲家庭学生自卑、孤僻和敏感，常常不愿与人交往，独来独往，心事重重，教师尤其是班主任要发动全班同学和这部分单亲家庭学生交朋友，让他们参与活动，而不是孤立于集体之外，把集体温暖、同学之情、师生之谊巧妙地融合在一起。

2. 正确对待家庭变故，消除其逆反、报复心理

父母离婚或一方死亡，那是没办法的事，其中的苦衷做儿女的有时无法理解，要学会包容，学会原谅父母。教师要设法多方疏导，孩子如果学会了正确对待家庭变故，那么他看社会的眼光就会柔和一些，逆反、报复心理也会逐渐消除。

3. 激发单亲家庭学生的自尊心，磨炼其坚强的意志

部分单亲家庭学生容易产生不思进取、破罐子破摔的心理，导致出现自由散漫、厌学、逃学等行为，要改变这种情况，关键是激发他们的自尊心，磨炼其坚强的意志。自尊心能使人积极向上，同时也是人们克服缺点和错误的内部动力。教师要注意尊重他们的人格，使他们从心底感到自己和其他同学是完全平等的，再寻找机会和他们谈心，分析自由散漫的危害和自暴自弃的后果。

家庭破裂可能会带来家庭教育的缺失，单亲家庭子女教育问题突出，已经引起全社会的关注。不可否认，众多单亲家庭在教育上容易产生一些问题，家庭变故确实有着不可推卸的责任，但是要教育好单亲家庭学生，仅仅依靠学校教育远远不够，这需要学校、家庭和社会联手，采取步调一致、口径统一的方式来帮助他们。因此，在对单亲家庭学生的教育中，教师要与家长取得联系与沟通，家长也应该加强和学校的联系和沟通，这样就能形成一种教育合力，使单亲家庭学生健康、快乐地成长。

人们往往把单亲家庭子女出现的问题简单地归结为思想品德问题，实际上好多单亲家庭子女的问题是心理障碍问题，心理障碍只能用心理疏导的方法去解决。单亲家庭子女健康心理的培养与维护，在当前离婚率高居不下的现实下已经迫在眉睫了。

六、单亲家庭子女健康心理的自我培养与维护

由于家庭发生变故，单亲家庭的孩子容易产生不良情绪，给自己造成不必要的心理压力，最终可能影响孩子的心理健康，因此，老师与家长要充分分析他们的不良心理产生的原因，帮助他们走出困惑的阴影，排除心理压力，使他们轻松愉快地健康成长。

单亲家庭子女由于情感上曾受过伤害，他们最需要的还是自我心理调适，那么在平时的生活和学习中，如何指导他们进行健康心理的自我培养与维护呢？

（一）树立正确的人生观和世界观

人生观和世界观是个体内心世界的核心，有了正确的人生观和世界观，个体就能对人生、社会产生正确的认识，只有认清人生的意义，

树立远大的理想，才不会沉湎于身边的琐事，从而摆脱无谓的烦恼，对社会对人生采取适当的态度和行为反应，站得高，看得远，生活得有意义。

（二）学会自我调控，排除不良情绪

有人认为，人的情绪是人类灵魂中最神圣而不可侵犯的东西。情绪对人的心理健康起着核心作用，过度的情绪反应会造成心的异动而损伤机体健康，引发精神疾病，可见，情绪对心理疾病有极大的影响。要维护和保持心理健康，就必须学会对情绪的自我排遣和自我调控。在生活中，可以采取以下方式来调适：

1. 合理宣泄

找机会向同学、老师、好朋友、亲人或心理医生倾诉自己苦闷的心情，使郁积在心中的不良情绪得以发泄，压抑的心情得到缓解；或采取痛哭的方式释放积聚的情绪，排出体内毒素，调整机体平衡；或以日记、书信等方式排遣不良情绪。

2. 适当控制

除了要合理宣泄不良情绪外，还可以采取压制的办法控制不良情绪，例如理智克制、冷静思考、检讨反省等都是有效的解决办法。

3. 注意力转移

当情绪产生后，有意识地转移话题或做点别的事情来分散注意力，可使情绪得到缓解。例如，听听音乐或看看电影、电视、小说，也可以下棋或进行其他体育活动，使情绪得到缓解。

（三）建立良好的人际关系

现实生活中，每个人都渴望有良好的人际关系。要获得良好的人际关系，可以培养孩子从以下几方面入手：

1. 树立自信心

要让孩子从家庭的不幸中摆脱出来，使孩子认识到：父母的事情只是大人之间的事情，我并不比别人差；我的形象不是父母给的，而是要通过自己的努力来树立；只有自信地面对别人，才会得到别人的尊重和理解。

2. 严以律己，宽以待人

严以律己，就是对自己的缺点要认真对待，坚决克服；宽以待人，就是对别人的不足之处不求全责备，对别人的缺点和错误，要从关怀、爱护的立场出发。严以律己、宽以待人是搞好人际关系不可缺少的条件。单亲家庭的孩子不能因为家庭原因而放松对自己的要求，也不能因此而苛求每个人都能理解你、关心你，要有一个良好的心态。

3. 开展批评与自我批评

批评和自我批评是彼此取得认同、达到感情融洽的一种方法。在批评与自我批评中，要以自我批评为主，进行自我分析、自我评价、自我调节，通过内省进行自我认知，这种自我认知对消除自己心理上存在的人际关系障碍，有十分重要的意义和作用。

第四节　构建家校教育共同体、促进学校教育的四项策略

构建家校协同教育共同体，这是时代发展的必然，是建立现代学

校制度的需要，也是学校在办学目标进入攻坚期时发展的必由之路。突破传统教育观念，创新家校工作理念，建设合作互动的家校教育共同体，对于改善学校教育的人文环境，促进学校教育与家庭教育的有效合作十分必要。下面以北京市第二中学亦庄学校为例，谈一下构建家校教育共同体、促进学校教育的策略。

一、构建完善的教育共同体机构和机制

（一）建立教育共同体机构

成立以校长为领导，市区德育专家为顾问，学校校委会、家长委员会、社区居委会代表和学校法律顾问共同组成的"合作互动式家校教育共同体"领导小组，统筹教育共同体的各项工作。

建立学校—班级两级家委会，两级家委会都内设若干工作小组，制订相关岗位职责。学校家委会主要发挥指导作用，使班级家委会朝着有序、有益的方向发展。每个学期为家委会设定活动任务单，使每次家委会的活动都有具体的内容，使家委会成员有用武之地。班级家委会最直接的作用是联络家长、团结家长，及时传达学校教育的各项要求，同时尽力发动和组织家长，更好地帮助学校实施好德育活动课程。

家委会代表自愿报名，选举产生。

（二）建章立制、有序管理

制订并完善《学校家长委员会章程》，对家长委员会的组织性质、选举制度、内设机构、工作职能和运行机制等进行合理定位。

建立学校对家长述职的制度。增加学校教育管理内容与措施的透

明度，有利于家长从更高、更全的层面配合学校教育。

建立家长民主监督、民主管理学校的制度，这有利于家长对学校进行全方位的监督。对于出现的教育问题，学校可以及时告知家长委员会，或直接用书面形式投递到家长意见箱。

学校—班级两级家委会建立了不定期联系制度和定期商研制度，班级家委会每月一次碰头会，学校家委会每学期两次例会，听取学校工作报告。

二、运用先进的教育理念引领家长积极参与学校教育

学校、家庭和社区教育网络间的相互联系、相互补充和相互促进，是办好现代学校的基本前提。家长是学校教育的重要资源，要使家长和学校在思想上统一，观念上一致，可以采取以下几点措施：

（一）以家校联谊为抓手，共建学校特色活动

实施"亲子共读—书香家庭"工程，鼓励家长和孩子每晚睡前共读15分钟，开展"共读一本书"活动。学校向家长推荐优秀书籍，建议家长和学生一起来做藏书家，扩充阅读内容，同时开展亲子阅读活动，让"书香家庭"成为"书香校园"的延续和补充，让亲情在阅读活动中升华。

（二）以活动为载体，提高教师、家长的认识和教育水平

可以结合热点话题与家长开展探讨活动。

精心设计家校合作活动，在家校合作工作中倡导"三边互动"，即教师和学生，子女和家长，家长和老师之间都应经常对话，让先进的理念、创新的思维、鲜活的知识伴随着思想和情感，在彼此间的交流

互动中积极有效地沟通渗透。

（三）引导家长参加志愿者活动，共同建设和发展学校

引导家长参加学校公共安全、交通疏导、卫生防疫、维修维护、文化建设、教师服务、学生服务、夜班值守、节假日护校、引进资金支持等各项工作。

（四）加强民主决策和民主监督

建立家长委员会常委会，参与学校规划、计划等重大决策及实施民主监督。

（五）吸引家长参与教育教学工作

充分挖掘家长资源，吸收家长以教师身份参与课堂教学，参与学生教育，有条件的可开设校本课程，吸引家长参加学生社团活动。

（六）创办《我的一家》家长杂志，作为家长委员会宣传窗口

（七）建立家长评价机制

每学年进行优秀家长评选和家长事迹报告会，邀请优秀家长现身说法，介绍他们的家庭教育经验，将家长中的教育资源整合到学校教育之中，弥补学校教育的不足。

三、系统培训，打造两支强有力的幸福教育队伍

家长和学校都是教育的责任主体，应该共同承担起引导孩子成长

的教育责任和义务。学校除了要大力培训教师队伍外，还应对家长进行系统培训。

（一）构建"纵向引领、横向互助、外力提升"的培训机制

纵向上，一方面通过家长学校等对家长进行现代家庭教育的通识培训，引导家长明确家庭的基本教育职责；另一方面针对孩子不同成长阶段的年龄、心理特点，伴随孩子的成长过程，分年级对家长进行跟踪式主题培训。横向上，采取家长沙龙、家庭教育小论坛、同伴互助等形式，充分利用家长中的教育资源，就家长关心的热点问题展开交流，帮助家长掌握家庭教育的智慧。外力上，邀请知名专家作报告、组织家长参加公益讲座培训等，解决家庭教育中的共性难点和热点问题。

（二）在培养途径上采取两种方式

开办配合学校幸福教育的家长学校，制订详细的家庭德育分层、分阶段的培训计划和操作流程，确定每一阶段的培训主题和课程，保证培训的规范性、创新性和有效性。

邀请专家与学者开设家庭教育讲座，与家长沟通，使讲座具有针对性，形成系列化。将讲座的视频放到学校网站，达到普遍性的教育目的，提升家长的理论水平和教育水平。

四、聚焦沟通，创建家校信息交流平台

（一）改革家长会和家长开放日工作

要建设一支合法的、高素质的家长委员会队伍，工作形式由单一的集中开会变成预约式家长见面会、家教经验分享会、互动式家长开

放日等。学校定期将家长请进校园，让家长了解学校的办学情况，了解学校教育教学管理的措施，了解孩子在校的情况。

（二）建立跨时空多维立体的沟通渠道

班主任和学校从不同层面与家长主动沟通，形式上可以是面对面交流，也可以利用现代信息技术和资讯手段实现家校跨时空沟通，如网络交流、家校座谈会交流、家校互相来访交流等。

第八章　教育思考

第一节　做有温度的教育

一、教育的温度

有温度的教育，这个温度应该是多少度呢？借用一句话，"不烫手，亦不冷漠，略高于体温，千古恒常"。这个温度如春风拂面能让种子发芽，这个温度能让人心情舒畅，这个温度能推动学校工作。

（一）教育的温度是以爱为基础的

有一种正确叫作冷漠的正确，而教育一定不是冷漠的正确，不是冰冷的规训。"没有爱就没有教育"，教育应该是春风化雨，润物无声，带着温情去育人。在这个过程中，教训被感化所代替，清规戒律被文化氛围所代替；在这个过程中，学生的心灵被呵护，学生的自信被保护。如果教师的心是冰凉的，眼前所见一定都是学习的机器；当孩子的心是冰凉的，他所有的感知器官的门就会关上。所以要尽可能地创设条件，把爱播撒到学生心灵深处，让学生敞开心扉，勇敢地面对自己，不断进步。

北京市第二中学亦庄学校小学部组织的以文明礼仪为主题的党员教师志愿服务岗就很好，学生没有主动向老师问好时，老师主动问候，这既是一种提示，也是一种示范，更是一次完整的教育过程，它不仅传递了教育的内容，也传递了教育的温暖，因为这次教育过程是无言的结局，是心领神会。

（二）教育的温度隐藏在细节中

教育的细节是教育者内心情感的自然流露，一句关切的问候，一个赞赏的眼神，一个鼓励的手势，就犹如一缕阳光，驱走学生心灵的阴霾。

教育的细节贵在创新，让人感动却难以言说，这就是教育的艺术。比如分数条，考试成绩是学生的隐私，仅限于教师和学生本人了解和掌握，家长作为监护人有知情权。学校举办家长会时，班主任将每个同学的各科成绩和排名情况打印在一张小小的纸条上，放在信封里，交给学生和家长。排名的目的是让师生和家长能进一步了解教与学的情况，不能作为其他用途，更不能作为评定学生的唯一指标。分数是学生的隐私，一张小小的分数条隐藏着教育的温暖。再比如评语，老师用饱含深情的评语让家长和学生明优点、知不足、有目标、增信心，把温暖送到每个家庭。

（三）教育的温度是对人的关怀

教育的温度本质上是对人的关怀，关怀人的成长是教育的本质追求，离开人的成长教育就失去了根本。这里的"人"既包含培育对象——学生，也包括教育者——老师。

要把校园建设成老师和学生精神的家园、梦想的花园、成长的乐园，这个地方让大家觉得安全与温馨，老师和学生内心的困惑可以倾诉，可以得到帮助。

（四）教育的温度来自教育者内心的温暖

只有教育者的内心是温暖的，才能给被教育者以温暖。教育者内心的温暖来自对教育的热爱，对学生的热爱，从更高层次上说，教育的温度就是教育的情怀。

当教育对象无法改变时，唯一能够改变的是教师自己的精神状态，提升自己心灵的温度，用一颗火热的心面对学生。李希贵校长曾说过："教育学就是关系学，教育学首先是关系学。"良好的师生关系有无穷的力量，在温暖和感动学生的同时，教师也收获了学生回馈的真情，找到教育者的幸福与希望。

（五）教育的温度在于尊重个性

著名教育家陶行知曾经说过："你的教鞭下有瓦特，你的冷眼里有牛顿，你的讥笑中有爱迪生。"

学生渴望得到老师的关注和理解，更渴望得到老师的尊重、信任和赞赏，他们的个性和潜能就像孕育在土壤中等待发芽的种子，一旦感受到春天的温度就会萌动，就会蓬勃生长。

每一朵花都有绽放的权力，每一个人都有属于自己的位置，只要充分尊重每一个学生，相信每一个学生，只要有静待花开的心境，一定会迎来姹紫嫣红的景象。

二、有温度的管理

在学校，教师是"温度"的传播者，教师有了"温度"，办学的

"温度"才能落地生根。教师的"温度"从哪里来？就从管理者这里来，所以有人说："一所真正的学校，其实就是一个温情的校长带着一群有温度的人，干着一件温暖的事。"

心理学中有一种"自己人效应"，管理者要把教师当成"自己人"，紧扣中国传统文化的脉搏，让老师感觉到来自学校的温暖，让老师也把学校领导当成"自己人"。学校要给予教师三个层面的关怀：

1. 专业关怀。专业成长是每一位教师的追求，学校要想方设法、竭尽所能地为教师的专业成长铺路子、架梯子、搭台子、树牌子。

2. 人文关怀。学校通过组织开展深受教师喜爱的各种活动，打造轻松愉快的休闲文化，让教师体验到工作一天是快乐的。如学校领导为全校教职工手写生日贺卡，真情浓浓的话语和真诚的问候，温暖着教师的心灵。

3. 制度关怀。制度源于保护，而非限制。学校要强化触摸不得的"高压线"，如不能体罚或变相体罚学生，不能有偿家教，不能接受家长馈赠等。

教育应该是有温度的，因为孩子是花瓣上颤动的露珠，需要小心呵护，细心照料；教育是红烛上摇曳的火光，虽然微弱，却给人光明、方向和温暖。

幸福就是一种温度，它会给人积极的状态，生活的美好，心灵的强大。幸福就那么现实，课堂内外，一点发现，一点创新，一点意想不到，都能成为"成就"，都能引起兴奋，都能成为幸福的"引爆点"。

最后，我借用朱永新先生的一首诗来表达我对有温度的学校的理解：

教育是一首诗

诗的名字叫青春

在躁动不安的灵魂里

有一个年轻的梦

教育是一首诗

诗的名字叫激情

在春风化雨的课堂里

有一脸永恒的笑

教育是一首诗

诗的名字叫热爱

在每个孩子的瞳孔里

有一颗母亲的心

教育是一首诗

诗的名字叫创造

在探索求知的丛林里

有一面个性的旗

教育是一首诗

诗的名字叫智慧

在写满问题的试卷里

有一双发现的眼

教育是一首诗

诗的名字叫未来

在承传文明的长河里

有一条破浪的船

第二节　活动教育指导学生自我成长

在教学工作实践中我深深地体会到，事必躬亲、对学生严加"看""管"，表面上也许能控制住学生的行为，但实质上丝毫不能深入学生的内心，一旦脱离了教师的视线范围，许多学生就会"原形毕露"。当然，也有一些学生希望能做到自我教育、自我管理，但往往对自我的认识还不够深刻。那么，如何艺术地发挥教师的主导作用，让教育深入学生的心灵，使学生积极成为自我成长的主人呢？这是我常常思索的问题，在工作实践中，我也进行了一些初步探索。

一、变"要我做"为"我要做"

学校和老师常常会提供很多与教育有关的活动机会，学生往往也是摆出一副"要我做什么我就做什么"的态势，效果往往不理想。如果能充分调动学生的积极性，让他们自发自愿地参与活动，那么就能超出想象，达到良好的效果。

北京市第二中学亦庄学校初中部的学前军训是一项需要学生吃苦才能完成的活动，同时又能锻炼学生的意志品质。要想达到目的，必须激发学生想去军训的强烈意愿，化被动的"要我做"为主动的"我要做"，于是军训前我做了大量的准备工作。

（一）编写并组织学习了《军训读本》

《军训读本》中简单介绍了我军发展史、军训基地历史上的重大战史，军训的现实意义及目前我国的新型武器，让同学们对军训基地和军营生活充满了向往。

（二）学生参与军训活动设计

军训前通过调查问卷的形式，了解学生最希望训练哪些项目，最希望了解哪些方面的知识，搜集整理信息后，再与军训基地的领导进行协商。应学生的要求，军训时增加了带同学们参观新型武器博物馆和实弹练习的训练项目，同学们兴趣十分浓厚，军训的每一天都充满好奇心和新鲜感。

（三）学生自定军训目标

只有主体自觉有了目标，才会有前进的动力，让学生自定目标，学生就由被动地接受教育转变为主动地自我教育。每个学生从体能训练、生活习惯、意志品质和道德情操四方面细化成12项具体要求来制订自己明确的目标。军训中，学生每天根据自定的目标按照细化内容进行自评，在自评的基础上再由军训班组同学、教官和班主任进行评定。在这套自我激励评价体系中，学生在老师的引导下始终起主体作用，自己记录了成长的全过程，懂得了如何实现自己的价值，能清晰地看到自己成长的足迹，从而在成长过程中享受到快乐。军训结束，教师再引导学生自我总结，并畅谈如何有效迁移和巩固军训成果。

（四）开营仪式之前作讲座

教育专家徐安德老师通过自己的亲身示范，讲述了在军营里应该学习哪些内容，并进行了爱军、爱国的道德情操培养。

（五）学生写军训日记，班主任批阅

日记本上的交流既拉近了师生间的距离，又能及时疏导和排解学生的压力，在这种安排下，军训中请病假、事假的少了，中途回家的没有了，同学们精神十足地完成了军训任务，并取得了良好效果。

二、让学生在成长中感悟，在感悟中成长

在全国各地都在开展"纪念红军长征胜利80周年"活动之际，作为爱国主义教育的一个良好契机，学校尽力把活动做得更细致、更新颖。

学校把活动主题确定为"采集红军长征的火种"，我提出了"三个三"计划——了解长征中的三个著名历史纪念地，记住长征中的三件重要文物，记住长征中的三位英雄人物。

1.编写《长征火种代代相传》学生读本，并组织读书交流会，以图文并茂的形式让同学们走进历史，寻访红军长征的足迹。

2.观看爱国影片，让学生和主人公一同在感悟中成长。

3.聆听老红军讲述长征故事，让学生懂得社会主义中国来之不易，更好地珍惜今天的幸福生活。

4.让学生自己动手制作长征纪念品，加深同学们在动手实践中的感悟。

三、建立一套完善的自我评价体系

在研究、探索的过程中，学校从丰富评价内容、改进评价方式入手，真正提高评价的实效性，激励学生的学习热情，促进学生全面发展。

学生综合素质评价分为两大部分：自我评价表和记录我成长的足迹——成长本。

（一）自我评价表：指导学生擦亮自己善于发现的眼睛

自我评价表包括六个方面，即姓名、班级、学习上的表现、生活中的表现、每个阶段要在学习上达到的目标以及每个阶段要在生活上达到的目标，学生依据自己的情况如实填写。自我评价表的自我评价中，着重于让学生发现自己的闪光点，让学生喜欢自己，锻炼自己的勇气，增强自己的信心。定期开展经验交流座谈会，谈近期自我成长中成功的经验，并着重落实在如何结合自身实际情况，有效迁移别人的经验，再制订新的自我成长目标和策略，形成良性循环。

（二）记录我成长的足迹——成长本：让学生乐在成长的每一天

这是由学生、教师和家长共同完成的，它记载了学生成长过程中有影响力的各种大事，教师进行指导性的批阅，及时了解学生的思想动态和迷茫，为他们指明方向。成长本架起了学校与家庭、教师与家长之间的桥梁，使家长与教师共同关心学生的发展，让学生快乐成长。

自从推进学生自我教育活动以来，班级组织的大小活动全由学生策划主持，日常管理也由班委会成员负责，学生和老师的关系更加和谐，由管理与被管理变为帮助与被帮助，处处洋溢着和谐的气氛。现在自我教育正逐步抢占教育的制高点，应当大胆积极地实验，为学生的终身发展负责，创造出更多的经验和方法，让学生学会自己管理自己，体会到最大的快乐是被需求，在帮助别人中体现自己的人生价值。

第三节　幸福教育的几点思考

在教育的"公平"与"质量"两大目标背后，寄予的是提高教育现代化水平、实现中华民族伟大复兴的宏愿。

在新的历史起点上，每一个教育工作者应该思考的是，确立何种教育价值观、发展观、质量观？应该用怎样的实践去诠释教育现代化的内涵？

在现代化教育理念的引领下，北京市第二中学亦庄学校提出了"为师生终身发展和幸福生活奠基"的办学理念，近年来，这一理念已逐渐渗透到学校的每一个角落，本节结合学校的实际来谈一谈幸福教育理念下，我对课程、课堂、管理、学生和教师的思考。

一、构建幸福课程

在幸福教育理念下，要想更好地实施三级课程，需要选择一条个性化、特色化实践国家课程的途径，同时科学化、人文化地开发校本课程。今天，有人一提起课程改革，就讲校本课程开发，我认为国家课程的个性化、校本化实施同样重要。

二、打造幸福课堂

什么是幸福课堂？我认为它应该包含两个最主要的要素，首先是高效的课堂。高效课堂有"四维目标"，即学会、会学、乐学、创学，也就是立足学会，激发兴趣，培养能力，形成智慧。其次是人性的课堂。人性的课堂应该以尊重学生、一切为了学生的发展为着眼点。教师在回归自然、返璞归真的状态下上课，学生在不知不觉中进入学习状态，在"化境"中探求知识，发现真理。教学的过程是师生共同享受学习乐趣、体会成功喜悦、感悟生命价值的过程，能做到这一点，这个课堂就离幸福又近了一步。

三、幸福教育理念下的管理内涵

管理包含三个层面的内容，即制度管理、文化管理和过程管理。依法治校的制度管理是基石，价值引领的文化管理是核心，目标导向的过程管理是保障。

目前学校的制度管理正在逐步完善，它是现代学校制度最重要的标志。对于制度管理，我认为关键词是：科学化。

学校管理的第一要素是人，充分尊重人的尊严和价值，突出以人为本的管理理念，把尽可能关注人的需求和发展作为学校管理工作的精髓。如何把你管辖范围内若干个有着独立思想、独立人格的人统一到一条道路上呢？我想这就需要价值引领，以共同的价值观引领文化自觉和文化自省，把"激发每一个人的内在动力，促进每一个人的最大发展"作为学校文化管理的过程和目的，在工作中求同存异。费孝通提出"各美其美，美人之美，美美与共，天下大同"，教师性格、科室文化是"和而不同"的，只要做到"各美其美"，学校就会形成"天下大同"的局面。对于文化管理，我认为关键词是：价值引领。

目标的制定需要略高于能力所及，过程管理强调精细化，也就是复杂问题简单化，简单问题程序化，程序问题数量化。对于过程管理，我认为关键词是：精细化。

四、幸福教育指引下的学生成长

高考不是中学教育的终点，给学生一个幸福的人生才是教育追求的终极目标。

幸福教育是充满智慧和使命意识的教育，是超越功利直抵心灵的。教育的境界在每时每刻都呈现出不同的状况，它强调的是过程，这个过程要依托以下"三个引领"。一是文化、价值的引领。教育要培养全面发展的人，学校的培养目标是"培养有中国情怀、世界眼光、科学精神、人文素养的高素质人才"，正好与此契合。二是课程引领。德育的校本化、课程化实施，根据教育的不同节点和阶段，分学段为学生提供模块化、菜单式的系列德育课程。三是经典活动引领。开展直抵学生心灵的有特色的传统经典活动。

五、打造幸福的教师文化

学校提出为师生终身发展和幸福生活奠基。终身发展是一个过程，永无止境，它需要培养教师的持续发展力。终身发展概念的提出远远超越专业发展，它将教师的发展提升到了生命成长的高度。把教师放在专业发展中，不仅功利，而且必然引起职业倦怠；只有将教师放在人的发展中，其绚丽的人生才会有火花。

幸福生活是每个人穷其一生追求的终极目标。学校希望把每一位教师都培养成教育家、特级教师，但这未必是每一位教师内心的追求。物质层面的幸福用时间、金钱可能实现，精神层面的幸福用激励、爱心也可以做到，更高层面的幸福则是幸福的感受力和创造力，它仍然需要共同价值的引领。

学校大力打造教师发展中心，高薪聘请特级教师成立名师工作室等，以此促进教师专业成长。茶歇室、健身房、宿舍区公用厨房、教师服务中心等依次组建和投入使用，为教师创设更好的生活、工作环境。学校教师书法作品、摄影作品、剪纸作品等次第展出，教师舞蹈队、合唱团的精彩呈现，极大地激发了教师的创作激情，加深了教师对生活、工作的感悟。同时，学校鼓励教师著书立说，成熟的作品由学校出资出版。只有有着原创动力的老师，才能培养出有创新意识的学生；只有能感受幸福、创造幸福的老师，才能培养出有幸福力的学生。

第四节　践行社会主义核心价值观

社会主义核心价值观为当代中国人树立了崇高的价值标杆，体现了个人、社会、国家三者的统一，是青少年通往梦想的阳光大道，是实现自我的动力之源。要从小培养学生树立社会主义核心价值观，筑牢夯实道德根基，让他们的人生处处闪耀着道德的光辉。

近年来，学校在全面落实《大兴区中小学德育三年行动计划》各项任务的同时，重点落实社会主义核心价值体系教育，结合大兴区各项活动安排及学校主题教育月系列活动，进一步丰富学校幸福教育内容，创新育人模式，不断提高育人质量。

一、加强社会主义核心价值观与教学的紧密结合

学校各学段充分发挥课堂主阵地、主渠道作用，有计划地从不同角度和不同方面进行社会主义核心价值观教育，使社会主义核心价值观教育入眼、入耳、入脑、入心，走进教材，走进课堂，融入学生学

习成长的全过程，使学生牢固树立社会主义核心价值观。学校采取的具体措施如下：

1.通过思想品德课（公民教育校本课程）直接对学生进行社会主义核心价值观教育，用公认的"核心价值"来统领学生的多元价值取向。

2.通过语文课对学生进行爱国主义教育。在语文教学中适当增加经典范文、诗词的比重，培养学生体会东方审美文化的独特内涵，热爱民族优秀的传统文化，让学生确立社会主义核心价值观，培养学生的爱国主义精神。

3.通过历史课对学生进行中国国情教育，培养他们的民族忧患意识，让学生树立起为中华民族伟大复兴而奉献的光荣使命感和责任感。

4.通过基础课程或电子科学技术等校本课程的学习，培养学生的科学素养和创新精神。

5.通过开设书法、工艺、素描等课程加强对学生的美感教育，鼓励学生研究和宣传中华优秀传统文化，培养学生的民族精神。

二、营造弘扬社会主义核心价值观的校园文化氛围

立德树人是学校工作的灵魂，近年来，学校坚持寓教于乐，从学生年龄特点和兴趣爱好出发，以体验参与为基本途径，精心设计并组织开展内容鲜活、形式多样、吸引力强的主题实践活动。学校积极探索立德树人新方法，让学生在培育和展现特长中涵养精神，形成积极向上的价值观。

为了营造浓厚的读书氛围，提升学生的文化素养，让学生养成多读书、读好书的学习习惯，学校开展了以"你我'读'具匠心，世界

'书'途同归"为主题的校园读书节活动，读书节的两大亮点是师生共享的"读书买卖会"和"一站到底"的知识竞猜活动，深受师生的好评。读书对于个人成长、社会发展和国家强盛有着重要作用，学校希望通过一年一度的读书节活动，让读书融入生活，让读书成为一种习惯。

为了"三爱"教育与志愿服务更好地结合，学校继续坚持开展每周二走进校园、社区、街道等多种形式的志愿服务活动。学生会、爱校委员会及年级自我管理委员会积极发动身边的同学参与志愿服务，先后走进校园及周边街道进行公益活动。在他们的带动下，有些同学还自发组成志愿者服务队，每天早晚协助校门口的交通协管员疏导交通，风雨不误。在学雷锋纪念日，同学们与来自全市的优秀志愿者进行了交流学习。公益活动的开展增强了学生的社会实践能力，更让学生树立起热爱劳动、尊重劳动的观念和意识，从而提升了学生的幸福指数。

仪式先于事件旨在改变认知，仪式后于事件旨在警示教育，仪式伴于事件旨在浸润洗礼。学校学生处精心筹划，旨在打造仪式教育，先后举行了"十四岁青春门仪式""十八岁成人仪式""高考百日誓师大会""中考百日誓师大会""高三毕业典礼""初三毕业典礼"等活动，这些仪式和典礼对学生的心灵起着深刻、持久、潜移默化的感染效应，它包含着对教育目标的理解，对学校办学思想的诠释，对学生成长的期待。

为了更好地完成社会大课堂的教育目标，学校进行了充分准备：召开领导小组会议，了解基地资源情况，布置相关学科教师进行课程设计及活动前讲解。本着让学生带着问题去实践、带着成果而归的目的开展此项活动，学生处先后组织师生参加了世界公园、科技馆、欢乐谷、动物园等社会实践活动，师生根据学校的综合实践主题，搜集资料、分析综合信息、相互交流。学校努力从人才培养的要求和学生成长的需求出发，统一思想，不断深化社会大课堂的价值和意义，把社会大课堂作为弘扬社会主义核心价值观、创新人才培养方式、推动实践育人的重要抓手，抓实做好。

学校不仅鼓励学生积极开展校园社团活动，还健全了校园社团的监管机制，使之更加全面有效。校园社团的监管机制不单有社团联盟理事会，还有学生干部监督。校园社团经过两年多的探索和发展，已经从原来的几个社团发展到现在的30多个社团，有兴趣爱好、志愿公益、环境保护、社会服务、网络论坛、文化艺术、科技创新等7类；也由原先的少部分学生参与到现在的校园全覆盖，每个同学都能寻找到适合自己的社团。通过参加这些活动，学生从实践感知中升华了对社会主义核心价值观主旨要义的认知，主动树立社会主义核心价值观并积极追求主流价值理念，提高自觉践行社会主义核心价值观的主动性。

学校还开展了落实幸福德育课程的主题班会教育系列活动。结合主题教育月及大兴区布置的活动，组织开展隔周主题班会及听课活动，先后组织了以"读书""学雷锋""勤俭节约""感恩""安全""爱国""文明""诚信"等为主要内容的班会。围绕社会主义核心价值观教育，召开相关主题班会，帮助学生树立正确、科学的价值观，加强自我修养，不断提高自身素质，自觉成为社会主义事业的建设者和接班人。

三、增进对社会主义核心价值观的认知认同

理想信念是人们对未来的向往和追求，是一个人世界观和政治立场在奋斗目标上的集中体现。培养学生要以理想信念为核心，帮其树立起正确的世界观、人生观和价值观。

学校的学生处、校团委通过深入开展系列教育活动，对学生进行

理想信念教育。学校举行了新团员入团仪式活动，"践行核心价值观，共筑青春中国梦"主题活动，"青春梦想——与人生对话"主题活动，道德模范中学生评选活动，等等，此外还组织学生每周一在国旗下演讲，让学生深刻理解自己所肩负的历史使命，并引导他们树立正确的世界观、人生观和价值观。

国防教育是全民教育的一项重要内容，也是当代中学生整个思想政治教育的重要组成部分。历史经验表明，一个国家、一个民族的强弱兴衰与国民国防意识的强弱有着密切联系。加强全民国防教育，首先要加强学生的国防教育，要从娃娃抓起，提高他们的国防观念。要做到这一点，最有效的途径就是对他们进行军事训练。每年8月，学校都要通过军事训练（社会实践）对初一、高一学生进行爱国主义、革命英雄主义和人民军队的传统教育，激发他们的爱国热情，增强他们建设祖国、保卫祖国的责任感，从而推动全民国防教育的发展，使全体学生都树立起居安思危、有备无患的国防观念。

四、全面落实社会主义核心价值观教育

密切学校教育、家庭教育和社会教育的联系，形成合力，用正确行动、正确思想、正确方法教育引导学生，倾心关爱和真诚帮助学生，使学生听得进意见、受得了批评，能知错就改，从小养成严格要求自己、虚心接受批评帮助的习惯。

学校以创建学习型家庭为抓手，每班评选优秀家长，带动其他家长主动提高素质，增强科学教子能力。强化家校协作理念，创新学校指导家庭教育形式。学校除了定期召开期中、期末家长会外，还组织开展了家庭教育讲座，特邀中国家庭教育指导中心资深家庭教育专家、

中国科学院心理研究所婚姻与家庭心理指导师宋奇老师，对师生、家长进行关于"与青春期孩子一起成长"的家庭教育讲座；特邀中国感恩文化传承者、著名感恩教育专家—横老师，为师生、家长作"学会感恩，与爱同行"的主题演讲。学校希望通过这样的活动，让家长意识到家庭教育在孩子成长中的重要作用，并能掌握更多的家庭教育知识，让孩子在学校和家庭的共同呵护下幸福成长。

五、引领师德师风建设，铭记教书育人使命

引导教师时刻铭记教书育人的使命，用社会主义核心价值观引领师德师风建设。学校把遵守师德规范纳入了教育教学重大环节管理过程，并作为人才引进、评奖评优、职称职级晋升的重要指标。制订并实施了《关于加强教师队伍管理、规范教师履行职责的规定》，进一步完善了师德建设长效机制。学校加强班主任队伍建设，引导教师以高尚师德、人格魅力和学识风范教育感染学生。

学校为了有效提高班主任队伍的整体素质，大力推进"幸福教育"建设工作。学校为每位班主任购买了雷夫·艾斯奎斯的《第56号教室的奇迹》一书，进行集体学习研讨。学校还利用首届班主任基本功大赛的契机，积极组织获奖班主任做校本培训，让教师们互相交流。

学校积极响应大兴区教委关于"仁爱、敬业、博识、魅力"的班主任基本功培训主题活动的要求，组织了协作区班主任培训交流活动。学校特聘北京教育学院德育研究中心主任张红教授莅临指导，亦庄协作区内10所中小学校的近百名班主任参加了本次培训活动。

六、存在的不足

1. 对学生主体性教育的德育形式尚需完善，因为有不少学生面对学习存在困惑或者有厌学情绪，有待加强心理健康教育，做好与家长的沟通工作。

2. 在探索社会主义核心价值观教育路径上，应拓宽思路，加强学校与社会的配合，在家校合作中实施家长教育并将其纳入社会终身学习体系。

青春需要梦想，需要方向，青春之路行千里，每一步都应为了梦想而努力。社会主义核心价值观体现了个人、社会、国家三者的统一，是青少年学生通往梦想的阳光大道，是青少年学生实现自我的动力之源。在学校领导与教师的共同努力下，新时代的学生应树立社会主义核心价值观，筑牢夯实道德根基，在成长道路上放飞梦想，实现自己的人生价值。

参考文献

［1］黄美蓉.改制或升格学校教师自我认同危机的产生及消解［J］.教书育人，2009（30）.

［2］陈金波.改制高校教师发展存在的问题与对策研究：以浙江省W高校为例［D］.浙江大学，2010.

［3］邵汉清.私立学校师资队伍建设的现状与对策［J］.湖南科技学院学报，2006（04）.

［4］陈卫红.运用校本培训形式加强教师队伍建设［J］.教育导刊，2009（07）.

［5］英格尔斯.人的现代化.殷陆君，译［M］.成都：四川人民出版社，1985.

［6］崔春华，杨文斌.课程情愫：学校课程发展的另类维度［M］.上海：华东师范大学出版社，2017.

［7］杨金芳，李春华.活跃的课程图景［M］.上海：华东师范大学出版社，2017.

［8］李希贵.学校制度改进［M］.北京：教育科学出版社，2021.

［9］李希贵.学校如何运转［M］.北京：教育科学出版社，2019.

［10］［美］约翰·麦克斯韦尔.领导力的5个层次.任世杰，译［M］.北京：金城出版社，2017.

［11］程红兵.教育治理现代化进程中学校治理体系变革研究：以

深圳明德实验学校为例［J］.全球教育展望，2017（11）.

　　［12］苏少玲.多元共治：绘制现代学校治理蓝图［J］.教育，2017（32）.

　　［13］黎波.学校治理优化的机制探索与思考［J］.中国教育学刊，2017（S2）.

后　记

光阴似箭，日月如梭。2000年，我从中国人民大学毕业，本着"以爱育爱"的教育理念，立志用毕生心血呵护一个个鲜活稚嫩的孩子，让每个生命彰显价值。从业20余年，我先后在北京市第二中学亦庄学校、北京市大兴区长子营学校、北京市第八中学亦庄分校、国家教育行政学院附属实验学校任教并担任学校管理工作，多年教育思考、心得、体会与感悟，梳理总结，汇集成册。

本书完成之际，由衷感谢给予我关心和帮助的教师、专家、同事、朋友和家人。工作后，有幸遇到广纳贤才的领导，给我提供了各方面的指导和帮助，也给了我充分的自主空间，让我实现了专业发展。感谢给予我帮助的专家、同事和朋友，在本书写作过程中给予我许多思路和指导，成为我教育道路上不可或缺的助力。感谢家人给予我的理解，他们对我工作的支持与付出，让我能够专心投身于教育，为祖国的教育事业贡献自己的力量。

本书第一、三章主要以国家教育行政学院附属实验学校为范例，第二、四、六、七、八章主要以北京市第二中学亦庄学校为范例，第五章主要以北京市大兴区长子营学校为范例。

由于任职学校不同，书中呈现的理念与实践略有不一致，还望海涵。

在此，恳请各位读者、专家不吝赐教。

江培英

2022 年 4 月 29 日